Rolf
MUCK

Mein Krake

Der neue Weg zum Erfolg

novum pro

www.novumverlag.com

Bibliografische Information
der Deutschen Nationalbibliothek:

Die Deutsche Nationalbibliothek
verzeichnet diese Publikation in
der Deutschen Nationalbibliografie.
Detaillierte bibliografische Daten
sind im Internet über
http://www.d-nb.de abrufbar.

Alle Rechte der Verbreitung,
auch durch Film, Funk und Fernsehen,
fotomechanische Wiedergabe,
Tonträger, elektronische Datenträger
und auszugsweisen Nachdruck,
sind vorbehalten

Gedruckt in der Europäischen Union
auf umweltfreundlichem, chlor- und
säurefrei gebleichtem Papier.

© 2023 novum Verlag

ISBN 978-3-99131-817-0
Lektorat: Theresia Riegler
Umschlagfoto:
Jessicahyde | Dreamstime.com
Umschlaggestaltung, Layout & Satz:
novum Verlag
Innenabbildung: Rolf Muck
Autorenfoto: Fotostudio Henrich

www.novumverlag.com

Inhaltsverzeichnis

Vorwort 7
Einführung 9
Der innere und der äußere Widerstand 11
Der Krake: Was ist das? 12
Der Krake: Anpassungsfähig und geschmeidig 13
Sich eigene Schwächen bewusst machen 14
Die Angriffstaktiken des Kraken 14
Den Kraken bezwingen 15
Mein persönlicher Krake 15
Der Begriff „Impuls" 16
Impulse zur Selbstüberwindung 17
Das Werkzeug KICK 18
Der KICK als Universalwaffe 19
Prokrastination oder „Verschieberitis" 20
Entscheidungssituationen erkennen 21
Bewusstes Erkennen von KICK-Weichen 23
Sich Ziele setzen 24
Eine Beziehung zum persönlichen Kraken aufbauen 25
KICK in der Praxis 26
Nachgiebigkeit und Rücksichtslosigkeit 27
Sich selbst im Griff haben 29
Großzügigkeit und Toleranz 31
Selbstbewusstsein und Durchsetzungsvermögen 32
Körperliche Betätigungen 34
Ernährung 36
Unkontrolliertes Essen 38
Die Nikotinsucht 40
Die Alkoholsucht 43
Abnehmen 43
Das Phänomen Zeit 46
Verlorene Zeit 47
Genutzte Zeit 49
Zeit der Ruhe, Besinnung und Entspannung 51
Kampf dem Stress 51

Konfliktsituationen im Beruf	51
Der Umgang mit Kollegen	54
Kreative Berufe	54
Lernen	55
In der Schule	55
Im Lehrberuf	58
Erziehung	59
Ordnung ist das halbe Leben	61
In Haushalt und Garten	63
Das Ordnerregal	66
Komplexe Strukturen	66
Die Zerlegung des Komplexen	68
Der umgekehrte Weg: Vom Einfachen zum Komplexen	69
Im Büro	70
Entwickler im Bereich Technik	72
Ein Hemmschuh in uns	74
Der Zehn-Minuten-Kick	76
KICK als ständiger Begleiter	76
Die Einstellung zum Leben	78
Schlussbemerkungen	79
Schlusskapitel	80
Widmung	81

Vorwort

Der Autor möchte mit möglichst einfachen Worten, Anregungen und praktischen Beispielen dem Leser ein Werkzeug in die Hand geben, mit dem er bei vielen Gelegenheiten anstehende Entscheidungen in eine positive Richtung lenken kann, um sein Leben einfacher, effektiver und erfolgreicher zu gestalten, um Zeit und in vielen Fällen zusätzlich Geld zu sparen.

Im Buch geht es darum, ohne konventionelle Schranken, allein aus Erkenntnissen und Erfahrungen aus dem realen Leben heraus, dem Leser ein Hilfsmittel anzubieten, das durch konsequente Anwendung hilft, Klippen zu überwinden und Gräben zu überspringen.

Der Autor wünscht viel Spaß und fruchtbare Erkenntnisse bei der Lektüre des Buches.

Einführung

Sie möchten Ihr Leben neu gestalten?

Sie möchten Antriebslosigkeit, Prokrastination (Verschieberitis, Bummelei, Drückebergeritis), Lernblockaden, Suchtverhalten und sonstige Barrieren in Ihrer Entwicklung überwinden?

Durchsetzungsvermögen, Selbstüberwindung und Tatendrang sind Charaktereigenschaften, die zum Erfolg führen können, aber nicht jedem gegeben sind.

Der Traum vom großen Ziel bleibt meist unerfüllt, da der Weg dahin mühsam und beschwerlich ist. Bereits der Gedanke an die Strapazen auf diesem langen Weg lässt die Zuversicht schwinden, das Ziel je erreichen zu können.

Ein Anwendungsbeispiel von nahezu unendlich vielen ist die bekannte „Verschieberitis", die Schwäche, anstehende Erledigungen immer wieder zu verschieben.

Angesprochen sind alle Altersgruppen ab etwa sechzehn Jahren, Schüler, Auszubildende, Studenten, Berufstätige, bis zu Rentnern, die ihr Leben noch inhaltsreich gestalten wollen.

Der innere und der äußere Widerstand

Vieles wollen wir gestalten, entwickeln, aufbauen, verändern, verbessern. Das Problem der meisten unserer Vorhaben ist es aber, den Anfang zu finden. Der erste Schritt ist, wie bekannt, meistens der schwerste.

Diese Problematik umfasst bereits das Thema dieses Buches. Von dem, was wir uns in unserer Fantasie vornehmen, verwirklichen wir nur einen kleinen Teil, der Rest versiegt unter widrigen Umständen. Es fehlt das nötige Geld, die notwendige Zeit. Unwillige und missgünstige Mitmenschen stellen sich dem Vorhaben entgegen. So lässt sich die Liste der Hindernisse und ungünstigen Umstände fast ins Unendliche fortsetzen.

Einen Punkt allerdings übersehen wir gerne, oder wir wollen ihn nicht wahrhaben, da er eine unserer ganz persönlichen Schwächen betrifft: Es ist unsere Trägheit, unsere ganz natürliche Neigung, den Beginn eines Vorhabens zu verzögern, hinauszuschieben oder ganz aufzugeben.

Bei der Vorbereitung des Buches beschäftigten mich viele Ideen und Vorstellungen, trotzdem fiel mir der Anfang äußerst schwer. Als die ersten Zeilen aber auf dem Papier standen, lief das Schreiben fast von selbst. Ein Gedanke nach dem anderen entwickelte sich und fügte sich nach und nach zu einem Ganzen. Allgemein kann man sagen, dass hier die Angst vor dem Neuen, vor der Veränderung, vor dem Unbekannten eine Rolle spielt. Ein natürlicher Schutzmechanismus, den uns die Natur im Laufe unserer biologischen Entwicklung mitgegeben hat, wirkt wie eine Bremse unseres Aktivseins.

Ein Vergleich mit der leicht gezogenen Handbremse des Autos macht dies deutlich. Wir bemerken diese leicht gezogene Bremse (ohne Berücksichtigung der mittlerweile in fast allen Pkws eingebauten elektronischen Warnanlage) oft nicht, die Auswirkung jedoch kann in der Summe beträchtlich sein: Zeitverlust,

Benzinverbrauch, Verschleiß, im schlimmsten Fall die Zerstörung der Bremsanlage, und andere Faktoren wirken sich extrem negativ aus.

Auf unser Problem übertragen heißt das, dass Lebenszeit und Lebensqualität in erheblichem Umfang gemindert werden. Dies geschieht ohne weitere Reflexion, ohne Bedenken, ohne Gegenmaßnahme. Um dieses Dilemma zu verdeutlichen, gehen wir von einer Entscheidungssituation aus: Entweder wir tätigen aufgrund eines guten Angebotes einen Geschäftsabschluss (wir setzen hier ein seriöses Angebot mit wenig Risiko voraus) oder wir zögern und lassen es zunächst. Der Verstand sagt ja, aber die Bremse in uns sagt Nein. In unserem Fall wäre eine schnelle Zusage angebracht, da wir voraussichtlich einen Vorteil hätten. Ein Ablehnen des Geschäfts bewahrt uns sicherlich vor einem möglichen Verlust. Doch selbst auf diese Gefahr hin, unter Berücksichtigung der unzähligen Angebote im Laufe unseres Lebens, wird man wohl bei stetig positiven Entscheidungen besser fahren, als wenn man immer wieder negativ entscheidet.

Das immer wiederkehrende „Nein" aus Angst vor dem Risiko bedeutet Stillstand, Bewegungslosigkeit. Das Leben aber bedeutet Dynamik, nicht Statik. Steine sind statisch, das Leben ist immer in Bewegung. Auch wenn dies alles sehr banal klingt, der Grad des Bewusstseins dieser Tatsache hat viel mit Lebensqualität und Erfolg zu tun.

Der Krake: Was ist das?

Der natürliche Krake ist ein sogenannter Kopffüßler mit acht Fangarmen, der vorwiegend am Grund wärmerer Weltmeere lebt und sich meist von Krebsen und Schnecken ernährt.

Der Krake steht hier als Sinnbild für alle negativen Eigenschaften, die uns daran hindern im Leben mehr Erfolg zu haben. Trägheit, Zögerlichkeit, das ewige Verschieben anstehender Erledigungen auf den nächsten Tag, den nächsten Monat, das nächste Jahr, beeinflussen unser Leben erheblich. Zeit, Geld, Erfolg werden vergeudet, ohne dass wir uns dies wirklich bewusst machen. Der Krake behindert unsere potentiellen Kräfte, wir können uns nicht so verwirklichen, wie es unserer Vorstellung entspricht.

Der Krake ist scheu, aber intelligent und äußerst lernfähig.

Er steht als Sinnbild für den Feind, der in jedem Menschen als Widersacher dafür sorgt, dass unser privates oder berufliches Fortkommen gehemmt oder behindert wird.

Dabei stellen die einzelnen Fangarme des individuellen Kraken die Schwächen des betreffenden Menschen dar.

Fangarme können zum Beispiel folgende sein:

Trägheit, Lustlosigkeit, zu hoher Alkoholkonsum, das Rauchen, die Einnahme sonstiger Drogen oder das ständige Hinausschieben dringender Vorhaben.

Diese Liste kann man beliebig erweitern, jeder Mensch hat eine gewisse Anzahl von Schwächen, die sehr verschieden, auch verschieden stark ausgeprägt sind.

Jede einzelne dieser Schwächen steht für einen Fangarm unseres inneren Kraken. Jeden Fangarm gilt es zu bekämpfen.

Der Krake: Anpassungsfähig und geschmeidig

Der natürliche Krake ist beweglich, schlau und taktisch geschickt. Er greift an, wenn er die Möglichkeit hat, zieht sich zurück, wenn es für ihn gefährlich wird; er tarnt sich, wenn es notwendig ist und greift an, wenn sich die Gelegenheit bietet. Ähnlich verhält sich unser persönlicher Krake. Er schlägt dann zu, wenn wir einen schwachen Moment haben.

Sich eigene Schwächen bewusst machen

Um Schwächen bekämpfen zu können, muss man sich ihrer bewusst sein.

Ein Problem beim Erkennen der eigenen Schwächen ist allerdings die Tatsache, dass wir sie nicht immer als solche wahrnehmen oder sie aus verschiedenen Gründen verdrängen möchten. Das Bewusstsein unserer Schwächen aber ist die Voraussetzung dafür, dass wir sie jeweils einem Fangarm des persönlichen Kraken zuordnen können. Sinnvoll dabei ist es, die größte Schwäche dem stärksten Fangarm zuzuweisen, also bevorzugt zu bekämpfen.

Die Angriffstaktiken des Kraken

Die Taktiken des inneren Kraken sind weder bösartig, noch hinterhältig, er nützt lediglich seine Möglichkeiten aus, um zum Ziel zu kommen, so wie es auch beim natürlichen Kraken der Fall ist.

Er geht dabei möglichst kein Risiko ein, er nützt unsere schwachen Momente, um zum Ziel zu kommen.

Den Kraken bezwingen

Der Krake greift an, wenn er sich seinem Opfer gegenüber überlegen fühlt, er zieht sich aber sofort zurück, wenn er selbst angegriffen wird. Wenn wir uns also gegen ihn wehren, wenn er Widerstand spürt, zeigt er ein reflexartiges Fluchtverhalten. Das heißt, er ist nicht allmächtig, wir können ihn bezwingen.

Mein persönlicher Krake

So unterschiedlich in seiner Persönlichkeitsstruktur der einzelne Mensch ist, so unterschiedlich sind auch die Arme seines persönlichen Kraken, dessen Arme seine Schwächen darstellen.

Dem Leser wird dringend empfohlen, die eigenen Schwächen in einer Liste schriftlich festzuhalten.

Man sollte dabei so vorgehen: Die stärksten Schwächen in der Liste oben, die am wenigsten ausgeprägten am Ende der Liste.

Diese Schwächen können sich im Laufe eines Lebens auch ändern. Das heißt, die Fangarme des Kraken können stärker oder schwächer werden, es können weitere wachsen und andere absterben.

Entsprechend dieser Veränderungen sollte die Liste angepasst werden.

Ganz wichtig ist es, eine Schwäche nach der anderen anzugehen. Sich mehrere gleichzeitig vorzunehmen, also an mehreren Fronten gleichzeitig zu kämpfen, das funktioniert eher selten.

Ein Beispiel: Der stärkste Fangarm wäre die Fresssucht. Das zügellose Essen sollte dann zuerst bekämpft werden.

Bis sich dieser Drang mit der Zeit reduziert, sollte man die anderen, untergeordneten Schwächen zurückstellen, damit man sich ganz auf die momentan anstehende Aufgabe konzentrieren kann.

Der Begriff „Impuls"

Damit kommen wir zu einem entscheidenden Begriff des Buches, dem Impuls. Er ist der Antrieb, die Kraft, etwas anzustoßen, sich einen inneren Ruck zu geben, um eine Handlung einzuleiten (um einen Schritt zu gehen).

Dieser Ruck ist ein elementarer Faktor unseres Lebens überhaupt, dessen Bedeutung für unsere Entwicklung nicht hoch genug eingeschätzt werden kann. Wie stark dieser Ruck beim Einzelnen ausgeprägt ist, liegt primär an seinen genetischen Voraussetzungen, aber auch an der Willenskraft und vor allem der Bereitschaft, ein Vorhaben so zu organisieren, dass ein gesetztes Ziel erreicht werden kann.

Diesen Ruck bezeichnen wir weiterhin als Impuls (oder auch Anstoß).

Wir versuchen nun, den Begriff „Impuls" als wichtigen Bestandteil unseres Handelns näher zu beleuchten.

Ein Impuls ist nicht nur ein spontaner Anstoß, er kann auch bewusst und ganz gezielt für einen bestimmten Zweck eingesetzt werden. Wenn wir frühmorgens faul im Bett liegen, sagt uns zwar der innere Schweinehund: „Schlaf weiter", aber der äußere Sachzwang gebietet das Aufstehen, sonst kommen wir zu spät ins Büro. Oder wenn wir nicht gezwungen sind aufzustehen, können wir uns sagen, es sei besser aufzustehen, um den Tag nicht zu verschlafen, um wichtige Erledigungen zu tätigen. Dann geben wir uns einen stillen Ruck, indem wir uns (leise) sagen: „Steh auf!" Dieses „Steh auf!" ist ein Kommando, das uns das Aufstehen erleichtert. Das Kommando kann natürlich auch anders lauten, zum Beispiel „Hopp", „Wuff" oder „Bang".

Der Inhalt ist beliebig, es sollte aber kurz und prägnant sein, ein Kommando eben.

Ob innerlich gedacht oder leise bis laut gesprochen, dieser Impuls ist ein wertvolles Werkzeug im Kampf gegen das unproduktive Verharren.

Nun gibt es nicht nur das Aufstehen, sondern jede Menge anderer Gelegenheiten, bei denen man ein Impuls-Kommando anwenden kann.

Impulse zur Selbstüberwindung

Es gibt also elementare Einflüsse, die uns immer wieder daran hindern, den ersten und weitere Schritte auf dem Weg zu einem geplanten Ziel zu machen. Selbst wenn diese Schritte getan sind, tauchen immer wieder Hemmnisse auf, die ein weiteres Vorgehen verhindern. Man wird dazu verleitet, hinauszuzögern, zu verschieben, man resigniert und gibt das Vorhaben möglicherweise ganz auf.

Der Impuls ist der Anstoß unseres Handelns. Nun können wir grob eingeteilt zwei verschiedene Arten des Impulses unterscheiden: Den äußeren Impuls, der sich aus den Bedingungen unserer Umwelt ergibt, und den inneren, von uns ausgehenden Impuls. Während sich der äußere aus Sachzwängen ergibt, die wir kaum steuern können, kommt der innere Impuls aus uns selbst heraus, ist in uns angelegt, also genetisch festgelegt oder angelernt. Die folgenden Kapitel des Buches beschäftigen sich vorwiegend mit dem inneren angelernten oder antrainierten Impuls, den wir steuern können, der aus unserer eigenen, individuellen Entscheidungsfreiheit resultiert, der uns zu bewusst handelnden Individuen macht.

Das Werkzeug KICK

Der Kern der Aussage dieses Buches behandelt das Werkzeug, mit dem wir unseren inneren Feind, unseren persönlichen Kraken bekämpfen können.

Das Leben ist, sofern es bewusst und engagiert gelebt wird, eine Folge von Zielen, die man sich setzt. Ziele können leicht zu erreichen sein, der Weg zum Ziel kann aber auch sehr komplex, voller Unwägbarkeiten und Hindernissen sein. Die Vorstellung von einem langen und beschwerlichen Weg zu einem gesetzten Ziel kann entmutigen, kann frustrieren. Im Gegensatz zu Tieren, die nach Trieb und Instinkt handeln, besitzt der Mensch die Fähigkeit, durch Eigeninitiative ein Vorhaben anzupacken. Dazu bedarf es oft eines Anstoßes, eines Impulses.

Dabei drängt sich der Gedanke auf, ein generell gültiges Kommando zu verwenden, das bei allen Gelegenheiten einsetzbar ist, die einen Impuls erfordern.

Das Wort „Impuls" wollen wir hier durch das Wort „KICK" ersetzen. Dieses Wort ist willkürlich gewählt und steht für Antrieb durch Eigeninitiative. Das Kommando kann natürlich auch anders lauten, zum Beispiel „Bang". Der Wortinhalt ist beliebig, er sollte aber kurz und prägnant sein, ein Kommando eben.

Ob innerlich leise gedacht, oder laut ausgesprochen, dieser Impuls ist ein wertvolles Werkzeug im Kampf gegen unproduktives Verhalten, gegen das ewige Zögern, das weit verbreitete Hinausschieben, welches verhindert, dass wir im Leben schneller vorankommen.

Der KICK ist das wichtigste Werkzeug im Kampf gegen den persönlichen Kraken, mit dessen Hilfe man im Laufe des Lebens höhere Ebenen erreichen kann. Um diese höheren Ebenen zu erklimmen, bedarf es mithilfe von KICK einer relativ geringen Selbstdisziplin, da es das Konzept des Buches ist, nur kleine, leicht zu bewältigende Schritte in die Richtung eines gesetzten Ziels zu gehen.

Die Effektivität des Werkzeugs KICK hängt allerdings von der Handhabung des Anwenders ab, so wie der Gebrauch eines Schraubenziehers nur in geübter Hand effektiv ist. In den meisten Fällen aller anstehenden Entscheidungen weiß unser Gehirn in Sekundenschnelle, welcher Weg der richtige ist, dann gilt es spontan, den KICK anzuwenden, ohne zu zögern, ohne nachzudenken.

Stellen Sie sich vor, Sie müssten wegen eines defekten Aufzugs die Treppe bis ins 5. Obergeschoss nehmen. Ein unzumutbarer Kraftakt, wenn man an die Anzahl der Stufen denkt. Haben wir aber nur die nächste Stufe im Blick, dann wird aus dem Problem eine relativ leicht zu bewältigende Aufgabe. Stufe um Stufe kommen wir dem Ziel näher. Sollte eine Pause notwendig werden, dann ist das nur eine kleine Verzögerung auf unserem Weg nach oben.

In den folgenden Kapiteln werden Sie Schritt für Schritt an die Universalwaffe „Kick" herangeführt. Lebensgefühl und Erfolg sowohl privat als auch in der Ausbildung oder im Beruf werden sich merklich verbessern.

Der KICK als Universalwaffe

Wenn wir frühmorgens faul im Bett liegen, sagt uns zwar der innere Schweinehund „Schlaf weiter", aber der äußere Sachzwang gebietet das Aufstehen, sonst kommen wir zum Beispiel zu spät ins Büro. Ein einziger KICK kann uns dabei helfen aufzustehen.

Der Kick eignet sich in einem breiten Spektrum als Werkzeug gegen alle Widerstände, die uns im Leben bremsen oder behindern. Die Anwendungsmöglichkeiten scheinen unbegrenzt zu sein. Jede neue Situation während unseres Tagesablaufs bietet uns eine neue Anwendung des KICKss. Der stete Kampf zwischen KICK und Krake kann zum spannenden Spiel zweier Gegner werden, jede noch so kleine gewonnene Schlacht des Kicks wird zu unserem eigenen Sieg.

Dieser kleine Impuls ist Werkzeug für das Erreichen eines produktiveren Lebenswegs. Mit leicht verständlichen Anleitungen und Beispielen wird gezeigt, wie Ziele, Visionen und Träume leichter verwirklicht werden können.

Es wird beschrieben, wie mit kleinen, leicht zu gehenden Schritten mehr Zufriedenheit, Selbstvertrauen, Selbstbewusstsein und damit Erfolg zu erreichen ist.

Erfolge steigern Selbstvertrauen und Wohlgefühl.

Ob zügelloses Essen, zu viel Alkohol, das Rauchen oder das Aufschieben notwendiger Erledigungen, den allgemeinen Lebensstil zu ändern und viele andere Dinge, die uns daran hindern im Leben erfolgreicher zu werden, dieses Buch wird Ihnen ein hilfreicher Begleiter sein.

Die Methode ist absolut neu und zugleich praxisbewährt.

Ohne große Anstrengungen, in kleinen Schritten und ohne zeitlichen Druck ist es möglich, gesetzte Ziele zu erreichen

Prokrastination oder „Verschieberitis"

Eine der am häufigsten vorkommenden menschlichen Schwächen ist die Neigung, wichtige Erledigungen zu verschieben, hinauszuzögern oder gänzlich zu ignorieren (Prokrastination oder „Verschieberitis" genannt).

Die innere Trägheit verhindert Bewegung, Fortschritt und Erfolg wie bleierne Schuhe, die uns daran hindern nach vorne zu gehen. Die Trägheit lähmt den Drang, Ziele zu erreichen oder einfach nur das normale Tagespensum zu erledigen. Ein immer wieder verfehlter Tagesplan frustriert, Resignation entmutigt und liegt wie ein Felsbrocken auf dem Gemüt.

Es gibt Menschen, denen das Lösen alltäglicher Aufgaben leicht zur Hand geht, die von einer inneren Kraft getrieben werden, einer Kraft, die einen Stein nach dem anderen aus dem Weg räumt. Diese Menschen meistern ihren Alltag mühelos.

Andere aber haben ein Problem damit, anstehende Aufgaben in Angriff zu nehmen. Der stark ausgeprägte Drang, Erledigungen zu verschieben, kann ein Leben nachhaltig negativ beeinträchtigen. Der Krake klammert sich an den Beinen des Betroffenen fest, der Weg wird beschwerlich, er kommt kaum von der Stelle. Auf diesen Menschen liegt die Last der Trägheit wie ein bleiernes Gewicht auf der Seele, jeder Antrieb wird wie von einer fremden Kraft gesteuert und bereits im Ansatz erstickt. Der Krake betätigt sich hier als Gegenkraft zum natürlichen Tatendrang des Menschen.

Ein virtueller Fußtritt auf den entsprechenden Fangarm des Kraken (in diesem Fall des Fangarms „Verschieberitis") bewirkt das spontane Zurückweichen des Kraken.

Entscheidungssituationen erkennen

Täglich begegnen uns unzählige Entscheidungssituationen, die wir oft nicht als solche erkennen. Entweder wir entscheiden dann intuitiv, oder reflexartig, oder wir übergehen sie einfach.

Größere Entscheidungen können unser ganzes Leben beeinflussen. Die Entscheidung, welchen Beruf wir wählen, bestimmt mitunter unsere gesamte Zukunft. Wichtig ist es, solche Entscheidungen bewusst zu erkennen, in Ruhe Risiken und Chancen abzuwägen und Informationen einzuholen. Aber auch das Bauchgefühl kann ein zusätzliches Argument sein. Wichtig ist eben das Erkennen und Erfassen einer Situation, durch die die Weichen für unsere Zukunft gestellt werden.

Der Alltag bietet jede Menge Gelegenheiten, KICK anzuwenden, allerdings nimmt man sie oft nicht wahr, da man sie nicht als KICK-Situationen erkennt.

Im Kühlschrank zum Beispiel entdeckt man einen Rest der köstlichen Erdbeertorte vom Wochenende. Trotz des Vorsatzes, etwas gegen das Übergewicht zu unternehmen, fordert der Bauch etwas anderes. Tief in uns regt sich das schlechte Gewissen, solch köstlichen Kuchen wegzuwerfen, obwohl andererseits der Kopf sagt: „Den hungernden Menschen irgendwo auf der Welt kann es egal sein, ob ich mich sinnlos mäste oder nicht."

Nichts auf dieser Welt geht verloren, organische Substanzen zersetzen sich und bilden die Grundbausteine für neues Leben. Es spricht also kein rationales Argument dagegen, den Kuchen in die Mülltonne zu werfen. Da sich solche Entscheidungen in Sekundenschnelle abspielen, wird uns vielleicht nicht bewusst, dass diese Entscheidungen typische KICK-Entscheidungen sind. Das Bewusstsein, dass fast jede Alternativsituation eine KICK-Entscheidung ist, kann durch häufige Anwendung von KICK antrainiert werden und somit als automatisch funktionierende Handlungsregel in unserem Gehirn verankert werden. Je häufiger die KICK-Anwendung, desto selbstverständlicher die bewusste Entscheidung.

Es gilt also, ein waches Bewusstsein zu entwickeln, Entscheidungsmomente als solche zu erkennen.

Wir bezeichnen in diesem Buch die Situationen, in denen eine Entscheidung bewusst oder unbewusst gefordert ist, nachfolgend als KICK-Weichen. Diese Situationen bieten immer nur zwei Möglichkeiten an, sich weiter zu bewegen: gut oder schlecht, positiv oder negativ, nach links oder nach rechts, nach oben oder nach unten. Auch komplexe Entscheidungssituationen lassen sich normalerweise in einzelne, binäre Entscheidungsmöglichkeiten zerlegen, die wie bei einer Weiche genau zwei verschiedene Richtungen angeben. So besteht ein Rangierbahnhof im Wesentlichen aus Gleisen, die durch viele Weichen verzweigt oder zusammengeführt werden. Der Rangierbahnhof insgesamt stellt ein komplexes System dar, das durch viele einzelne Gleise und Weichen miteinander verbunden ist. Dem Lokführer, der die Aufgabe hat, Waggons auf einem bestimmten Gleis abzustellen, wird die Entscheidung abgenommen, bei welcher Weiche nach links oder nach rechts zu fahren ist. In unserem Beispiel übernimmt ein Mitarbeiter im Stellwerk die Entscheidung, die einzelnen Weichen in die richtige Position zu bringen. Dieses Bild des Rangierbahnhofs ist ein Abbild unseres Lebens. Ständig sind wir gezwungen, Entscheidungen zu treffen, Weichen für unsere Zukunft zu stellen, um unser persönliches Schicksal vorteilhaft zu beeinflussen.

Wenn wir uns im Leben ein bestimmtes Ziel setzen, dann führt uns der Weg dahin über viele Weichen, wir müssen allerdings im Gegensatz zum Lokführer diese Weichenstellungen selbst vornehmen. Optimal wäre es, die Weichen so zu stellen, dass das Ziel auf kürzestem Wege und in kürzester Zeit erreicht wird. Im Leben gelingt das allerdings nur selten, aber auch Umwege können zum Ziel führen.

Bewusstes Erkennen von KICK-Weichen

Es gibt eine einfache und sichere Methode, das bewusste Erkennen von KICK-Weichen zu trainieren. Versuchen Sie zunächst während einer halben Stunde immer und immer wieder darauf zu achten, ob von Ihnen eine Entscheidung verlangt wird, auch wenn sie noch so klein ist. Es kann natürlich sein, dass während dieser Zeit keine Entscheidung anliegt. Falls dies so ist, wiederholen Sie diese halbe Stunde, bis Sie vor einer Entscheidung stehen. Erweitern Sie den Zeitraum auf eine Stunde, später auf einige Stunden, wenn die Umstände es erlauben, das heißt, wenn Sie die Zeit und die Ruhe aufbringen können, sich auf diese Aufgabe zu konzentrieren. Das Gehirn entwickelt dabei automatisch einen Spürsinn dafür, Entscheidungssituationen oft unbewusst als solche zu erkennen und die KICK-Weiche in die positive Richtung zu bewegen. Mit der Zeit verselbstständigt sich das Erkennen von KICK-Weichen und damit auch die Weichenstellung, das Leben wird leichter, die Selbstzufriedenheit wächst mit jeder positiven Entscheidung. Erfolg, auch in kleinsten Details, stärkt Selbstvertrauen und Selbstachtung. Die vielen kleinen KICKs führen allmählich zu einer Lebensqualität, die man sich vor der Anwendung von KICK nicht erträumt hat. Sollte mit der Zeit das Erkennen von KICK-Weichen und die entsprechende Weichenstellung nachlassen, führt die Wiederholung einiger Trainingszeiten zu erneutem Erfolg. Aber machen Sie sich bewusst: Es gibt keinen Erfolg ohne Anstrengung, Erfolg fällt normalerweise nicht vom Himmel.

Sich Ziele setzen

Ziele sind wie Leuchttürme in unserem Leben. Sie zeigen uns den Weg, der uns zu unseren Sehnsüchten führt. Ein Ziel zu erreichen, sei es noch so klein und bescheiden, löst ein Wohlgefühl in uns aus. Ohne Ziele ist der Mensch orientierungslos, er hat sich selbst aufgegeben, er dümpelt wie ein führungsloses Boot vor sich hin, lässt sich von Strömungen treiben, auf die er keinen Einfluss nehmen kann. Erst ein Ziel gibt Richtung, gibt Orientierung. Bereits der Weg zum Ziel kann Halt geben, Zuversicht und Hoffnung.

Jeder einzelne Schritt auf dem Weg zu einem gesetzten Ziel ist ein Teilerfolg, egal wie lang der Weg ist. Ob drei Schritte oder dreißigtausend, das Prinzip ist immer das gleiche. Wir müssen nur jeweils den nächsten Schritt tun, ohne an die Mühsal des gesamten Weges zu denken.

Er ergibt sich aus vielen kleinen, leicht zu gehenden Schritten.

Eine Beziehung zum persönlichen Kraken aufbauen

Eine Beziehung zu einem abstrakten Symbol aufzubauen ist schwierig, wenn nicht unmöglich, da die Distanz zu diesem Etwas viel zu groß ist. Um diese Distanz zu verringern, kann man den Versuch machen, mit Vorstellungskraft aus dem Symbol ein lebendiges Wesen zu machen, mit dem man reden und streiten kann wie mit einem schwierigen Bekannten.

Somit ergibt sich ein leichterer Zugang zum persönlichen Kraken. Man hat ein scheinbar lebendiges Wesen vor sich, dem man auf die Greifarme treten kann, wenn es zu frech, zu aufdringlich wird. Am Anfang fällt die Vorstellung vom lebendigen Gegenüber vielleicht schwer, da sie rational gesehen natürlich keinen Sinn macht. Unsere Vorstellungskraft aber ist so ausgeprägt, dass aus einem anonymen Bild ein lebendiges Wesen werden kann.

Einem Gegner wie dem Kraken kann man am besten gegenübertreten, wenn man sowohl seine Stärken als auch seine Schwächen kennt.

Noch effektiver wird die Auseinandersetzung mit ihm, wenn man ihn persönlich anspricht, zum Beispiel folgendermaßen:

„Fritz, ich kenne dich, ich beobachte dich, ich kann dir, wenn es notwendig ist, auf die Arme treten, ich bin dir überlegen, also sei vorsichtig!"

KICK in der Praxis

Wie schon im letzten Kapitel angedeutet, wollen wir in den folgenden Kapiteln die praktische Anwendung von KICK auf den verschiedensten Gebieten näher betrachten.

Ebenso sollen die Art der Anwendung und notwendige Hilfsmittel angesprochen werden. Natürlich kann dieses Buch nicht annähernd alle Situationen des menschlichen Lebens erfassen und beschreiben. Dies ist auch nicht notwendig, die praktische Anwendung in einigen wenigen Fällen führt ganz natürlich zu weiteren Anwendungen, die sich durch verschiedene Gegebenheiten anbieten. Das Buch kann sich daher nur mit ausgewählten Situationen beschäftigen, die jedoch vielen Menschen vertraut sind. Die Anwendungen pflanzen sich sozusagen selbst fort, sie gebären immer neue Möglichkeiten für den Einsatz von KICK. Anliegen des Autors ist es, durch die Verallgemeinerung der wenigen Situationen, die hier angesprochen werden, eine breite Leserschaft zu erreichen.

Kapitel, die Ihre persönliche Lebenssituation nicht betreffen, können Sie getrost übergehen. Allerdings schadet es nicht, sich die Breite der Einsatzmöglichkeiten von KICK anzusehen, um die Flexibilität und Effizienz dieses Werkzeugs zu begreifen, denn die Anwendungsmöglichkeiten sind oft übergreifend. Als Berufsmusiker in einem Orchester hat man wahrscheinlich keinen Bezug zur Büroarbeit, aber einzelne Aspekte der Büroarbeit sind durchaus in den Alltag zu übertragen, so zum Beispiel der Terminkalender oder der Umgang mit Vorgesetzten und Arbeitskollegen.

Nachgiebigkeit und Rücksichtslosigkeit

Auch hier können nur Verhaltensweisen aus zwischenmenschlichen Beziehungen partiell herausgegriffen werden.

Angesprochen werden soll das meist genetisch angelegte zu weiche oder zu harte Verhalten gegenüber Mitmenschen, das sowohl das innere Gleichgewicht als auch die Beziehung zu anderen Menschen negativ beeinflussen kann.

Ein zu weiches, zu nachgiebiges Verhalten resultiert aus einer inneren Unsicherheit, einer verdeckten Angst davor, sich unbeliebt zu machen, anzuecken, aus dem Schutz der Gemeinschaft herauszufallen. Dies wiederum hat seinen Ursprung in der Erfahrung des Menschen, dass die Sicherheit in der Gruppe vor den Feinden von außen schützt (man spricht auch abfällig von der Geborgenheit in der Masse, in der Herde). Die Angst vor den bösen Wölfen, unabhängig davon, ob es diese Wölfe tatsächlich gibt oder ob es Phantome sind, entspringt einem Urinstinkt, der als gegeben anzusehen ist. Wie bei allen Verhaltensweisen sind auch hier Ausschläge, Übertreibungen und Extreme negativ zu beurteilen. Eine gewisse Angepasstheit an allgemein anerkannte Normen stützt eine Gesellschaft insgesamt. Abnorme Ausschläge schaden sowohl dem Individuum als auch der Gemeinschaft. Das berühmte Mittelmaß ist in diesem Falle angesagt.

Wie aber kann KICK das zu weiche Verhalten in der Praxis beeinflussen? Stellen wir uns eine konkrete Situation vor: Die Aufdringlichkeit eines fliegenden Händlers an der Haustür nervt. Sie bringen aber nicht die Kraft auf, ihn abzuweisen. Sie versuchen vielmehr, durch halbherziges Lavieren aus der Situation herauszukommen, während ein bestimmtes „Nein, tut mir leid, kein Bedarf" angebracht wäre. Erinnern Sie sich in diesem Moment an die Durchschlagskraft Ihres Werkzeugs KICK und sagen Sie einfach (bestimmt, aber höflich) „Nein"!

In vielen Situationen ist dieser Ruck befreiend. Er bereinigt problematische Herausforderungen und stärkt das Selbstwertgefühl. Verallgemeinert gilt: Mit einigen an der richtigen Stelle eingesetzten KICKs signalisieren Sie Ihren Mitmenschen, dass Sie sich nicht alles gefallen lassen, dass Sie sich nicht ausnutzen lassen, dass Sie Grenzen setzen können, die andere zu respektieren haben. Vom Händler an der Tür einen Teppich zu kaufen, den man nicht braucht, kostet nicht nur Geld. Selbstvorwürfe, ein schlechtes Gewissen und ein allgemeines Unwohlsein bewirken einen Druck auf die Seele, sie leidet. Ein einziger Ruck, ein einziges KICK, ein einziges „Nein" befreit und stärkt das Selbstwertgefühl nachhaltig. Erstaunlich, was dieses kleine Wort bewirken kann, es ist universell einsetzbar, es kostet nichts und wirkt sofort. Man muss es nur konsequent einsetzen, man muss in gegebener Situation das Werkzeug KICK aus dem Werkzeugkasten nehmen und spontan zuschlagen, ohne zu zögern und nachzudenken. Wer es im Kasten liegen lässt, kann es nicht benutzen. Versuchen Sie bei jeder noch so kleinen anstehenden Entscheidung spontan und mit Nachdruck dieses Werkzeug zu benutzen, es liegt immer für Sie bereit, nur zuschlagen müssen Sie selbst.

Andererseits wirkt sich ein zu hartes Gebaren gegenüber den Mitmenschen gleichfalls negativ aus. Es kann gegebene und oft auch notwendige Hierarchien in ihrer Funktion weitgehend beeinträchtigen, da der Widerstand von unten (beispielsweise gegen den Vorgesetzten) systemrelevante Abläufe bremst, im Einzelfall lähmt.

Ein aufbrausendes, erniedrigendes Verhalten gegenüber Untergebenen schmälert nicht nur deren Leistungskraft, sondern untergräbt auch die Autorität des handelnden Vorgesetzten, er läuft Gefahr, nicht mehr als Führungskraft respektiert zu werden. Rücksichtslose und verletzende Dominanz kann zerstörerisch wirken, wenn sie eine Hackordnung erzeugt, die zur Tyrannei wird.

Eine positive Alternative hierzu ist die mittlerweile allgemein anerkannte Teamarbeit mit versteckter Hierarchie. Sie beinhaltet zwar gestaffelte Strukturen, die auf verschiedenen Kompetenzen beruhen, aber das Engagement aller fordert und sich an Sachaufgaben orientiert, nicht an blindem Gehorsam. Allerdings sollten wir uns alle prüfen, ob nicht nur „die da oben" Fehler machen, sondern ob wir nicht selbst dazu neigen, den Druck von oben nach unten weiterzureichen, bis der Schwächste den einzelnen Blitzschlag am stärksten spürt.

Wir gehen einmal davon aus, dass ein zu dominantes Auftreten auch aus einer gewissen Schwäche heraus entsteht. Hinter einer scheinbaren Überlegenheit des Vorgesetzten verbirgt sich oft die Angst, Autorität zu verlieren, den Laden nicht mehr im Griff zu haben, auf der Leiter der Hierarchie hinabzugleiten.

Durch KICK mäßigt der Vorgesetzte sein Verhalten gegenüber seinen ihm anvertrauten Mitarbeitern und lässt ihn aus einer neutraleren Position heraus handeln.

Auch hier ein Beispiel: Der Lehrer herrscht den Schüler an: „Dein Geschwätze nervt, entweder du verhältst dich ruhig oder du gehst vor die Tür!" Die Reaktion des Schülers: Er flüchtet in innere Opposition, er fühlt sich angegriffen, ungerecht behandelt. Die Klasse ist eingeschüchtert, sie geht gegenüber dem Lehrer auf Distanz. Harsches Vorgehen kann zwar Respekt verschaffen, erzeugt aber eine Atmosphäre des Misstrauens, der Unsicherheit, der Angst bis hin zur Verweigerung.

Natürlich sind solche Beispiele vereinfacht und modellhaft dargestellt, reale Fälle sind differenzierter zu bewerten.

Sich selbst im Griff haben

Das für die allgemeinen zwischenmenschlichen Beziehungen äußerst wichtige „Sich-selbst-im-Griff-Haben" spielt eine nicht zu unterschätzende Rolle auf allen Ebenen menschlichen Wirkens. Viele Konflikte entstehen in Situationen, in denen man ungewollt aus einem unkontrollierten Impuls heraus etwas sagt oder tut, was man im nächsten Moment schon wieder bereut, weil man die Konsequenzen nicht bedacht hat. Das Fehlverhalten ist dann nicht mehr rückgängig zu machen, man kann nur noch versuchen, sich zu entschuldigen oder den Sachverhalt so zu erklären, dass der Betroffene ein wenig Entgegenkommen aufbringt oder Verständnis zeigt. In solchen Situationen sollte man, noch bevor der Fehltritt getan wird, den KICK als innere Bremse einsetzen, um die möglichen negativen Folgen zu vermeiden.

Durch ein von KICK ausgelöstes Schweigen kann man sich viel Ärger ersparen und ohne großen Aufwand sich und seinen Mitmenschen das Leben etwas angenehmer gestalten. Ein wenig Selbstdisziplin kann unser Leben indirekt verlängern, denn die Zeit, die durch unsinnigen Ärger verloren geht, ist nicht wieder einzuholen. Zudem wirkt sich Stress, der durch Aufregungen entsteht, bekannterweise nicht förderlich auf unsere Gesundheit aus.

Vieles in dieser Welt, vom kleinen zwischenmenschlichen Konflikt bis hin zum großen mörderischen Krieg, wird oft durch unbeabsichtigtes Fehlverhalten, durch Missverständnisse oder Fehlinterpretation ausgelöst. Nun werden Sie einwenden, dass KICK wohl keinen Krieg verhindern kann. Das ist auf den ersten Blick richtig. Aber es steht fest, dass ein Hurrikan ursprünglich durch einen winzigen Luftwirbel irgendwo auf der Welt ausgelöst wird, was man sich schwer vorstellen kann, bei näherem Betrachten jedoch verständlich wird. Wenn man den Hurrikan von seinen letzten zerstörerischen Auswirkungen Schritt für Schritt zurückverfolgen könnte, dann würde man unwillkürlich auf diesen winzigen Luftwirbel stoßen, also an seinen Ursprung. So gesehen kann ein kleiner KICK, im richtigen Moment eingesetzt, auch eine private Katastrophe verhindern. Allerdings ist der Weg zurück zum Ursprungs-KICK im eigenen Leben leider nur schwer oder überhaupt nicht mehr nachvollziehbar.

Großzügigkeit und Toleranz

Die Struktur menschlichen Verhaltens gleicht bildlich einer Leiter, deren Sprossen die verschiedenen Ebenen des ethischen Handelns darstellen. Die unterste Ebene veranschaulicht das triebgesteuerte und ethisch unbelastete Verhalten von Tieren, während sich die oberste Sprosse durch ein Verhalten geprägt von Toleranz, Großzügigkeit und Vergeben-können zeigt. Dieses stark vereinfachte Bild der Stufenleiter kann man parallel zu den einzelnen Entwicklungsstufen des heranwachsenden Menschen sehen, vom unreflektierten Verhalten des Kleinkindes bis zur Gelassenheit im Alter im Angesicht der Vergänglichkeit allen Lebens, gepaart mit Toleranz und Großzügigkeit (abweichende Einzelfälle ausgenommen). Dieser Entwicklung kann KICK entscheidende Impulse verleihen: Der Mensch kann, indem er sich in herausfordernden Situationen durch KICK zurücknimmt und zu innerer Ruhe kommt, einen größeren Abstand zum Geschehen beziehungsweise einen größeren Überblick gewinnen und dadurch eine Situation umfassender beurteilen. Zu große Nähe macht blind für Zusammenhänge, der Abstand zeigt eine Problematik in der Relation zu wirklich großen Problemen (der Elefant wird zur Maus, nicht umgekehrt).

Ein Beispiel: Reibereien in der Partnerschaft entstehen meist wegen Belanglosigkeiten, sie eskalieren leicht in einer Atmosphäre von Spannung und Misstrauen. Aus Kleinigkeiten werden grundsätzliche Probleme, es werden Barrikaden zur Selbstverteidigung aufgebaut. In einer solchen Situation ist es angebracht, eine Weiche zu erkennen. Entweder man geht die Richtung der Eskalation weiter oder man entscheidet sich mithilfe des KICK für die andere Richtung. Das wäre der Weg des „Sich-Zurücknehmens", der Toleranz, des Abstands zum Kleinkram. Optimal wäre der KICK-Einsatz durch beide Partner zur gleichen Zeit. Doch es sollte für solche Situationen während eines ruhigen Gesprächs im Vorfeld vereinbart werden. Das könnte mit folgender Absprache geschehen: Wenn eine Diskussion zu eskalieren droht und zum Streit wird, dann hebt einer der Partner den Finger und sagt: „KICK." Die Situation kann damit auf einen Schlag entschärft werden und die Partner treffen sich schmunzelnd auf der vereinbarten Ebene im Einvernehmen.

Diese Art der Konfliktbewältigung funktioniert natürlich nur, wenn eine Beziehung nicht schon fundamental gestört ist. Eine tote Beziehung sollte man rechtzeitig beenden, um weitere unfruchtbare und unnötig qualvolle Auseinandersetzungen zu vermeiden. Auch in diesem Fall lässt sich KICK einsetzen, um dem schmerzhaften Siechtum ein befreiendes Ende zu bereiten.

Selbstbewusstsein und Durchsetzungsvermögen

Ein mangelndes Selbstbewusstsein, ob genetisch bedingt oder auf äußere Einflüsse während der Entwicklung (vor allem während der Kindheit) zurückzuführen, hemmt bekanntlich die soziale Kontaktfähigkeit des Betroffenen ebenso wie seine Möglichkeiten des beruflichen Fortkommens. Erfolg und Lebensqualität sind nicht nur Ergebnisse von Intelligenz, Wissen und Bildung, sondern in erheblichem Maße auch vom Vermögen abhängig, diese Eigenschaften im Umfeld der einzelnen Lebenssituationen positiv umzusetzen. Neben Beharrlichkeit spielt hier das persönliche Durchsetzungsvermögen eine entscheidende Rolle, wobei ein fruchtbares Festhalten am gesetzten Ziel (nicht zu verwechseln mit blinder Sturheit) auf einem Selbstbewusstsein basiert, das die gesunde Grundlage für die feste Überzeugung schafft, etwas Zielführendes zu bewegen.

Selbstbewusstsein aber ist keine statische Größe, keine für immer gegebene menschliche Charaktereigenschaft, die nicht zu beeinflussen und als Schicksalsfaktor hinzunehmen ist. Vielmehr ist Selbstbewusstsein eine Eigenschaft, die von jedem Einzelnen zu jeder Zeit veränderbar ist, im Positiven wie im Negativen.

Wie aber soll ein kleiner KICK-Impuls ein so diffiziles Geflecht von Verhaltensmustern, die in unserem Gehirn gespeichert sind, an dem sich Generationen von Psychologen den Kopf zerbrochen haben, beeinflussen?

Jeder, aber tatsächlich jeder Mensch ist ein Unikat, selbst eineiige Zwillinge. Sie tragen zwar die gleichen genetischen Bausteine in sich, aber die äußeren Einflüsse auf ihre Entwicklung, die sie geprägt haben, unterscheiden sie durchaus. Dieses „Unikat-Sein" allein stellt schon einen Wert für sich dar. Darüber hinaus hat jeder Mensch seine Schwächen und Stärken, seine mehr oder weniger stark ausgeprägten Eigenheiten, Neigungen und Fähigkeiten.

Das auf seinem Gebiet hervorragende Genie hat meist auf vielen anderen Gebieten seine Schwächen. Die geniale Veranlagung überlagert seine Schwächen vollkommen, sie werden höchstens am Rande wahrgenommen und nicht wie die herausragende Begabung in den Fokus gestellt. Die meisten Menschen jedoch besitzen verschiedene Fähigkeiten: etwas musikalisch, etwas sprachgewandt, etwas mathematisch begabt, nichts Spektakuläres. Aber in der Summe ergibt sich doch eine mehr oder weniger umfassende, komplexe Gesamtbegabung. Angesichts dieser individuell sehr verschiedenen Veranlagungen und Fähigkeiten kann sich der Einzelne seiner speziellen Stärken und Schwächen so weit bewusst werden, dass er Schwächen nicht verdrängt und Stärken nicht überhöht. Das Abrufen und Bewusstwerden der eigenen positiven Veranlagungen durch ein impulsives „KICK" ermöglicht die reale und nüchterne Einschätzung der persönlichen Fähigkeiten und fördert eine positive Herangehensweise an tägliche Anforderungen, bewirkt die Anerkennung der Mitmenschen und verhindert unnötige Enttäuschungen.

Bei vielen Entscheidungen, die wir treffen müssen, spielen Selbstbewusstsein und Durchsetzungsvermögen eine wichtige Rolle. Ein gesundes Selbstbewusstsein erleichtert eine positive Entscheidung, es befreit von den Fesseln, die uns gesellschaftliche Konventionen anlegen.

Mit KICK können Sie Ihr verdecktes Selbstbewusstsein aktivieren. Sie können sich mit einem KICK fragen: „Hab ich das nötig, was kann ich dabei schon verlieren, ist die Meinung der anderen wirklich so wichtig? Oder: Welche Konsequenzen hat es, wenn ich mich für mein eigenes Interesse einsetze, statt im Interesse anderer zu handeln?" Sie befreien sich damit von unfruchtbaren Zwängen Ihrer Umwelt, machen sich frei von unbegründeten Ängsten, entscheiden sich für Ihren eigenen Vorteil, aber bitte ohne andere zu übervorteilen.

Noch direkter als beim Selbstbewusstsein ist KICK beim Durchsetzungsvermögen einzusetzen:

Um eine wohlüberlegte Entscheidung bis zum gesetzten Ziel durchzuhalten, bedarf es oft vieler Einzelentscheidungen, die wiederum ein gehöriges Maß an Durchsetzungsvermögen erfordern. Die einzelnen Weichen bis zum Ziel stellen eine Kette von Hindernissen dar, die möglichst alle positiv gemeistert werden sollten, um es letztendlich zu erreichen. Eine einzige negative Entscheidung kann das Scheitern des gesamten Vorhabens bewirken. Bei jeder Einzelentscheidung sollten wir uns kurz das Ziel vor Augen halten und durch ein bestimmtes, entschlossenes „KICK" den positiven, den zielführenden Weg weitergehen. Dieser Ruck, durch KICK ausgelöst, erleichtert es, den richtigen Kurs beizubehalten und nicht durch Zögern und Zweifeln an den eigenen Fähigkeiten auf Abwege zu geraten und zu scheitern.

Körperliche Betätigungen

Unbestritten ist die Tatsache, dass körperliche Bewegung, im vernünftigen Rahmen betrieben, Körper und Seele günstig beeinflussen. Gäbe es nicht die Trägheit, die uns oft daran hindert, den Anfang zu machen, dann wären wir alle schlank, gesund und voller Tatendrang.

Was hilft? Man ahnt es schon: Der KICK-Impuls natürlich, nach dem bekannten Schema. Ist der erste Schritt getan, läuft der Rest wie von selbst. Das gilt für alle sportlichen Tätigkeiten, die wir uns vornehmen: für Gymnastik, Schwimmen, Laufen und alles, was den Körper fordert, was uns fit hält und uns ins seelische Gleichgewicht bringt.

Wir nehmen als Beispiel das Besteigen eines Berges: Als Ziel sehen wir das Bergrestaurant, von dessen Terrasse aus man einen grandiosen Blick auf die Landschaft genießen kann.

Der allererste Schritt zu diesem Vorhaben ist die Entscheidung, das Ziel zu Fuß und auf dem Waldweg zu erreichen, statt den bequemen Weg mit dem Auto zu wählen. Ist dieser KICK-Entschluss gefasst, dann konzentrieren wir uns auf die Vorbereitung des Aufstiegs, danach auf den ersten Schritt des Weges, dann auf den nächsten, und so weiter, bis der Weg zur Routine wird. Wir haben mit jedem Schritt, der getan ist, ein kleines Erfolgserlebnis. Wenn wir rasten, können wir stolz auf die bereits bezwungene Strecke zurücksehen, wir denken nicht an all die Kraft und Mühe, die es uns vielleicht kostet, die restliche Strecke zu bewältigen.

Wenn wir nach vorne schauen, dann rückt das Ziel mit jedem Schritt näher.

Je beschwerlicher der Weg zum Ziel, desto hilfreicher erweist sich der KICK-Impuls.

Ist das Ziel erreicht, belohnen wir uns mit der wohlverdienten Bestellung im Restaurant und genießen das wohlige Gefühl von Selbstzufriedenheit.

Ein weiteres Beispiel in diesem Kapitel wäre die tägliche Gymnastik, die aber erfahrungsgemäß vor allem mit der Ausrede, keine Zeit zu haben, nach und nach immer mehr vernachlässigt wird, bis sie oft ganz einschläft.

Neben dem KICK-Impuls hat sich ein sogenannter „Wochen-Gymnastik-Plan" als hilfreiches Werkzeug erwiesen. Der Plan kann nach individuellem Bedürfnis frei gestaltet und bei Bedarf korrigiert, ergänzt oder an geänderte Umstände angeglichen werden.

Hier ein einfaches Beispiel eines solchen Plans:

Wochentag	20 Kniebeugen	20 Rumpfbeugen
Montag		
Dienstag		
Mittwoch		
Donnerstag		
Freitag		
Samstag		
Sonntag		

Nach erledigter Übung kreuzt man das entsprechende Feld an. Ein solcher Plan fördert den Ehrgeiz, das tägliche Soll an Bewegung zu erfüllen. Jedes Kreuzchen stellt eine kleine Genugtuung dar, die unseren inneren Zufriedenheitspegel etwas steigen lässt.

Ernährung

Während in vielen Regionen der Welt noch immer das Problem des Hungers herrscht, gibt es in unseren Wohlstandsgesellschaften eher das Problem des Nahrungsüberangebots. Wie bei unseren Vorfahren, den prähistorischen Menschen, steckt immer noch der Trieb in uns, während der Zeiten des Überflusses möglichst viel Nahrung aufzunehmen, um in Zeiten der Verknappung größere Überlebenschancen zu haben. Dieser „Fresstrieb" ist genetisch verankert und bis ins Tierreich zurückzuverfolgen. Da die Vernunft bekanntlich schwer gegen den Trieb ankommt, stellt das

Thema Übergewicht in unseren wohlhabenden Gesellschaften eines der wichtigsten Gesundheitsprobleme dar.

Aber nicht nur die Menge ist Ursache des Übergewichts, ebenso wichtig ist die Beschaffenheit der Nahrungsmittel, die wir zu uns nehmen.

Die allgemein bekannte Regel zur gesünderen Ernährung lautet:

Weniger: Zucker, Weißmehlprodukte, Fast Food, tierisches Fett.
Mehr: Ballaststoffe, Obst und Gemüse, Vollkornprodukte, ungeschälten Reis.

Das Problem der Anwendung der Regel-Vorgaben liegt nicht unbedingt und ausschließlich am ungewohnten Geschmack vollwertiger Nahrungsmittel. Die Umgewöhnung von tief verwurzelten Essgewohnheiten auf eine alternative, gesundheitsbezogene Ernährung spielt dabei eine nicht unerhebliche Rolle und stellt oftmals einen Hinderungsgrund für eine nachhaltige Ernährungsumstellung dar.

Man sollte daher, hat man sich für eine Umstellung entschieden, nicht zu abrupt vorgehen, sondern Schritt für Schritt. Bei Überforderung ist die Gefahr des Aufgebens zu groß. Hilfreich ist eine flexible Planung, mit der wieder in einer Tabelle die einzelnen Schritte vorgegeben werden. So könnte eine Tabelle zur Nahrungsumstellung aussehen:

Ab Datum	**Wechseln von**	**auf**
	Brötchen (Weißmehl)	Brötchen (Vollkorn)
	Nudeln (Weißmehl)	Nudeln (Vollkorn)
	Reis (geschält)	Reis (ungeschält)
	Schweinefleisch	Rindfleisch
	Schweinefleisch	Hähnchenfleisch
	Schweinefleisch	Putenfleisch
	Tierisches Fett	Pflanzliches Fett

Bereits beim Erstellen der Tabelle ist KICK von Nutzen, denn es ist nicht leicht, Marken einer Umstellung zeitlich festzulegen, an die man sich gebunden fühlt, um sein Selbstwertgefühl nicht zu beschädigen. In jedem Falle aber wirkt eine schriftliche Festlegung stärker als ein unverbindliches „Ich will" oder „Ich werde".

Keinesfalls aber sollte man den Plan starr angehen, es gibt immer wieder äußere oder innere Umstände, die eine Korrektur des Plans erfordern, er sollte daran nicht insgesamt scheitern. Allgemein gilt: Je flexibler wir agieren, desto leichter können wir unseren Lebensweg gestalten.

Dennoch gibt es Prinzipien, an denen man sich orientieren sollte. Wichtig ist es, Entscheidungsweichen zu erkennen, um in diesen Situationen spontan den Kick-Impuls einsetzen zu können. Sie stehen beim Bäcker und haben die Auswahl zwischen Weißbrot und Vollkornbrot. KICK lässt Sie spontan um Vollkornbrot greifen.

Zusammenfassend ist festzustellen, dass Kick einen fruchtbaren Beitrag zu einer besseren Ernährung und damit zur Steigerung von Gesundheit und Wohlbefinden liefern kann. Es liegt eben an jedem Einzelnen, den KICK-Impuls möglichst konsequent einzusetzen.

Unkontrolliertes Essen

Ein Beispiel aus dem Alltag: Im Supermarkt überkommt Sie das Verlangen nach der verlockenden fetten Mettwurst im Regal. In diesem Moment überlagert die Lust auf die Wurst unseren Vorsatz, Fett zu meiden, um Pfunde zu reduzieren. In dieser Situation gibt es die Möglichkeit, entweder nach Gefühl zu entscheiden und dem Verlangen nachzugeben, also die Wurst mit schlechtem Gewissen in den Einkaufswagen zu legen. Sie nehmen die Entscheidungssituation nicht als solche wahr. Oder Sie können betrachten diesen Moment aber auch als Weichenstellung (kaufen oder nicht kaufen) betrachten, halten kurz inne und machen sich bewusst, wie viele Kalorien Sie Ihrem Speckbauch damit zusätzlich zumuten, und gehen weiter ohne Wurst.

Damit ist das Verlangen oft schon überwunden. Sie können sich die zweite Version aber noch erheblich erleichtern: Wenn Sie vor der verlockenden Wurst stehen, sagen Sie sich spontan: „KICK! Nein!" Damit bereinigen Sie die schwierige Situation, ohne weiter über Vor- und Nachteile nachzudenken.

Auf das Beispiel „Wurst" bezogen: Hinreichend konsequente Entscheidungen wie in diesem Beispiel sind billiger, einfacher und effektiver als alle möglichen Diäten.

Es ist immer wieder die gleiche Kernaussage: Entscheidend ist nicht der große Plan, sondern der kleine Schritt, der uns in die zielführende Richtung bringt. Wir müssen nur die Entscheidungssituation, die Weggabelung, die vor uns liegt, erkennen, dann können wir bewusst und positiv handeln.

Das übermäßige Essen gefährdet nicht nur die Gesundheit, Übergewicht reflektiert sich bekannterweise auch im Spiegel. Unwohlsein, ein schlechtes Gewissen, Zweifel an sich selbst bis hin zu Depressionen sind die Folge, wobei wir schon wieder im medizinischen Bereich sind. Das Gefühl, isoliert zu sein, nicht dazuzugehören und andere psychische Beeinträchtigungen kommen hinzu. Man fühlt sich vom Kraken umklammert und gewürgt. Wie kommt man aus diesem Griff heraus? Wie kann man sich befreien? Die Pharmaindustrie verspricht mit psychologisch raffiniert gemachter Werbung die Traumfigur ohne eigene Anstrengung. Mir ist nicht bekannt, dass eines dieser Zaubermittel jemals nachhaltig geholfen hätte, abgesehen davon, dass Hersteller und Handel daran Unsummen verdienen.

Ein anderer, jedoch etwas mühsamerer Weg führt zu einem besseren Ergebnis. „Ab morgen werde ich bei jeder Mahlzeit, vor jedem Bissen, mit einem Kick kurze Zeit innehalten, mir kurz bewusst machen, welche negativen Auswirkungen das Übergewicht auf meinen Körper und mein Wohlbefinden hat." Durch diese Verzögerung des Essverhaltens kann man bei jeder Mahlzeit einige Kalorien einsparen, die sich im Laufe einiger Tage oder

Wochen spürbar bemerkbar machen. Man sollte sich, um eine feste Struktur vorzugeben, einen Startpunkt festlegen: „Ab morgen" oder „Ab Montag werde ich …" Zu empfehlen ist auch eine Begrenzung des Vorhabens, um ein Ziel vor Augen zu haben: ein Tag, dann drei Tage oder eine Woche. Allmählich stellt sich ein Automatismus ein, der das Essverhalten ändert. Man muss sich nicht mehr bei jedem Bissen die negativen Folgen übermäßigen Essens zu Bewusstsein bringen, das „In-sich-hinein-Schlingen" wandelt sich in ein ruhiges Essen. Man kann jeden Bissen genießen, das Gewicht reduziert sich ohne größere Anstrengung, ohne Hungergefühl. Diese Methode ist schonend für den Körper und nachhaltig, das heißt, der Jo-Jo-Effekt bleibt aus. Zudem ist sie kostenlos, ja, man spart an Lebensmitteln.

Die Nikotinsucht

Einer der stärksten und gefährlichsten Arme des Kraken ist die Nikotinsucht.

Über die Gefahren des Rauchens muss hier nicht gesprochen werden, auch jedem Raucher sind die gesundheitlichen Risiken bekannt. Wir befassen uns hier also vorwiegend mit dem Kampf während der Entwöhnung, ein weiterer Aspekt ist die Gefahr eines Rückfalls.

Den Vorsatz, das Rauchen aufzugeben, kennt nahezu jeder Raucher, das Scheitern ebenso. Ich selbst habe diesen Kampf vor langer Zeit durchgestanden, nach gefühlt tausenden von gescheiterten Versuchen. Letztendlich war es nur der Wille, das Laster loszuwerden, vielleicht auch die Erkenntnis, dass ich meinen Körper permanent vergifte und damit meine Lebenserwartung dramatisch beschneide. Alle im Handel angebotenen Hilfsmittel sind mehr oder weniger nutzlos. Sie gaukeln uns vor, dass wir den Entzug jeder Zeit schaffen können. Wir nehmen die Sucht auf die leichte Schulter, vertreten die Meinung, eine Zigarette schade nicht, da wir jederzeit auf „Nichtrauchen" umschalten können. Die Erfahrung aber zeigt, dass ein Zug aus einer Zigarette während der Entwöhnungsphase wie eine RESET-Taste wirkt: Alles auf Anfang, der Kampf gegen den Kraken war umsonst, alles beginnt wieder bei null.

Nun kann man einwenden, dass wenn ich sage: „KICK, ich werde das Rauchen aufgeben", dann passiert zunächst gar nichts.
Richtig! Aber: Das Rauchen aufzugeben, das ist ein langwieriger, mühevoller Kampf mit sich selbst. Dieser Prozess muss in viele kleine Schritte aufgeteilt werden.
Der Krake in uns wird mit seinem Nikotin-Fangarm immer aktiv sein, er kann nach langjähriger Enthaltsamkeit eingeschlafen sein, aber nach der ersten Zigarette wieder aufwachen und uns erneut in das alte Suchtverhalten zurückwerfen.
Sobald der Vorsatz gefasst ist, das Rauchen aufzugeben, nimmt man sich einen bestimmten Tag als Start der Entwöhnung vor, möglichst einen Tag ohne Einladung, ohne besondere Belastung, ohne außergewöhnliche Verpflichtungen.
Die Enthaltung sollte allerdings absolut sein, die allmähliche Entwöhnung führt aus meiner Erfahrung heraus zu nichts, das Scheitern ist vorprogrammiert. Ein Abhängiger geht während der Entwöhnung durch eine kleine Hölle. Unwohlsein, Zittern, allgemeine Unruhe, Gereiztheit, ja leichte Depressionen, also alles, was der Krake in seinem Werkzeugkoffer hat, wird als Waffe gegen den Betroffenen eingesetzt. Ausschließlich ein unbeugsamer Wille kann dieser Kraft widerstehen. Jeder Angriff des Kraken ist gleich gefährlich, selbst nach Jahren der Enthaltsamkeit kann ein kurzer, schwacher Moment den Rückfall bedeuten. Allerdings werden die Angriffe des Kraken mit der Zeit seltener, die Abstände zwischen den Attacken des Kraken werden größer. Nach ein bis zwei Jahren wird der Bezug zur Zigarette fast verschwinden, dennoch ist es wichtig, sich immer wieder bewusst zu machen: Der Krakenarm „Nikotin" schlummert nur, er ist nicht tot, er kann zu jeder Zeit wieder aufwachen.

Anders ausgedrückt: Während der Entwöhnungsphase und selbst nach jahrelanger Enthaltsamkeit lauert bei den Betroffenen immer die Gefahr des Rückfalls. Die Nikotinsucht ist lebenslang im Gehirn des Betroffenen gespeichert. Auch nach Jahrzehnten kann der Krake zupacken. Ein einziger Zug aus einer Zigarette, auch wenn er nach langer Zeit der Enthaltsamkeit Hustenreiz und Übelkeit auslöst, kann den Rückfall zum Nikotin bedeuten, kann zum alten Suchtverhalten führen. Das Heimtückische dieses Krakenarms in uns ist die selbstbetrügerische Vorstellung, wieder eine Zigarette ab und zu könne nicht schaden. Eine Zigarette belebt den nach dem Entzug schlafenden Arm des Kraken, er erwacht und gibt sich stark wie zuvor, der menschliche Wille ist dieser zerstörerischen Kraft meist unterlegen. Die Folgen sind Rückfall, Selbstzweifel und Resignation.

Dabei ist es im Grunde genommen ganz einfach, dem Kraken zu widerstehen: Es sind immer nur kurze Momente, die eine Entscheidung fordern. Entweder sagt man mit einem KICK „Nein" zur Zigarette und tritt dem Kraken auf den Greifarm, dann zieht er diesen verängstigt zurück, oder man wird einen Moment lang schwach und der Krake siegt. Er hat sein Opfer im Würgegriff.

Es sind immer wieder diese kleinen Weichen, die unsere Zukunft bestimmen, die uns die Entscheidung abverlangen, ob wir in die richtige oder in die falsche Richtung gehen.

Das Leben vereinfacht sich, wenn man nicht die vielen einzelnen Entscheidungen vor sich sieht, sondern nur den einen Moment, der gerade vor uns liegt. Wichtig ist das Bewusstsein: Ein Schritt ist leicht getan, der ganze Weg kann eine Tortur sein. Darum ist es immer wieder wichtig, sich auf den nächsten Schritt zu konzentrieren und sich nicht von all dem, was noch vor uns liegt, entmutigen zu lassen.

Die Alkoholsucht

Einiges, was zur Nikotinsucht gesagt wurde, lässt sich auf die Alkoholsucht übertragen, insbesondere die Gefahr des Rückfalls, da sich der Krakenarm Alkohol wie beim Nikotin ein Leben lang im Gehirn des Betroffenen festsetzt.

Bei der Alkoholabhängigkeit muss man allerdings zwischen der rein psychischen und der körperlichen Abhängigkeit unterscheiden. Da die körperliche Abhängigkeit beim Entzug schwere physische Entzugserscheinungen zur Folge hat, sollte man diese nur unter ärztlicher Aufsicht, also normalerweise in einer dafür spezialisierten Klinik behandeln lassen. Die ausschließlich psychische Abhängigkeit (Gewohnheit) hingegen kann durch den eisernen Willen des Betroffenen bekämpft werden. Falls eine radikale Enthaltsamkeit mithilfe des KICK nicht möglich ist, wird empfohlen (im Gegensatz zur Nikotinabhängigkeit), in kleinen Schritten vorzugehen. Der Alkoholkonsum sollte dabei von Tag zu Tag zeitlich etwas mehr hinausgezögert werden. Ein Plan mit genauen Zeiten zum jeweiligen Tag unterstützt dabei das Vorhaben. Nach und nach wirken sich diese Verzögerungen positiv auf das Trinkverhalten aus. Ein stark reduzierter Alkoholkonsum bewirkt eine langsame Entgiftung des Körpers und eine Verbesserung der psychischen Verfassung ist die Folge.

Abnehmen

Es würde den Rahmen des Buches sprengen, auf alle Möglichkeiten und Methoden einzugehen, die auf dem Markt zum Thema Abnehmen angeboten werden. Die Literatur dazu füllt ganze Bibliotheken.

Auch kann hier nicht eingegangen werden auf Sinn oder Unsinn von Präparaten, die von der Pharmaindustrie angeboten und beworben werden. Vom Jo-Jo-Effekt des Abnehmens leben ganze

Unternehmensbranchen, von den Herstellern der Präparate über die Vertreiber bis zur Werbeindustrie. Erfahrungsberichte und Empfehlungen ernähren als weitere Branche die Medien, von der seriösen Presse bis zur Boulevard-Gazette. Das Thema wird uns aber als aktuelles Problem der Wohlstandsgesellschaft auf absehbare Zeit erhalten bleiben.

Wichtig ist: Kein Appetitzügler und keine Pille kann uns die Selbstverantwortung abnehmen, ein vertretbares und gesundes Körpergewicht zu erreichen und zu halten. Letztlich kann es nur unsere Selbstdisziplin sein, die uns zum erwünschten Ziel führt.

Die größten Feinde des Normalgewichts sind die kleinen Kalorien-Bömbchen, die sich außerhalb der Mahlzeiten aufdrängen:

Süßigkeiten und Knabbereien wie Chips und ihre Verwandten. Besonders gerne leisten sie uns beim Fernsehen Gesellschaft.

Diesen kleinen Verführern sollte man am besten schon im Vorfeld, das heißt im Supermarkt, keine Chance geben, sich durchzusetzen.

Es ist im Grunde ganz einfach, mit einem entschlossenen Kick an diesen Kalorien-Regalen vorbeizugehen, ohne zuzugreifen. Nehmen Sie sich fest vor, diese Regale zu meiden oder schlicht zu ignorieren, oder stellen Sie sich vor, dass das, was in diesen Regalen liegt, nur Hundefutter ist.

Liegen die Dickmacher erst einmal im Wagen, dann ist es zu Hause äußerst schwer, der Versuchung zu widerstehen, davon zu naschen.

Sollten diese doch im Wohnzimmerschrank landen (natürlich nur für Gäste), dann müssen Sie den Kampf gegen die Verführung eben entschlossen aufnehmen und dem Schokoriegel eindeutig klarmachen, dass Kick der Stärkere ist: „Kick! Der Schrank bleibt zu!"

Auch bei der Einnahme der normalen Mahlzeiten kann Kick sehr effektiv sein, was das Abnehmen betrifft.

Berücksichtigen Sie einige Punkte: Schlingen Sie die Mahlzeiten nicht in sich hinein, sondern versuchen Sie mithilfe des Kicks langsam zu essen, möglichst lange zu kauen und kurze Pausen einzulegen. Versuchen Sie, jeden Happen bewusst zu sich zu nehmen. Machen Sie sich immer wieder bewusst, dass diese kleinen Schritte, mit denen Sie zwar nur wenige Kalorien einsparen, nach einer Weile trotzdem den gewünschten Erfolg bringen.

Wenn Sie mit einem Diätplan aus einer Zeitschrift in kurzer Zeit zehn Kilogramm abnehmen, was durchaus möglich ist, dann werden Sie, das zeigt die Praxis, in ebenso kurzer Zeit dieses Gewicht wieder zulegen.

Nachhaltiges Abnehmen wird nur erreicht durch langsames, stetiges Kalorieneinsparen und durch körperliche Bewegung.

Sollten Sie sich täglich auf die Waage stellen (am besten morgens vor dem Frühstück), dann ist eine Tabelle zur Gewichtskontrolle zu empfehlen. Tragen Sie zu Wochenbeginn Ihr Zielgewicht (das Gewicht, das Sie anstreben) in die Soll-Spalte für die ganze Woche ein. In die Ist-Spalte notieren Sie täglich das Gewicht, das die Waage anzeigt. Damit haben Sie immer einen aktuellen Überblick über Erfolg oder Misserfolg Ihres Vorhabens.

Beispiel einer Tabelle zur Gewichtskontrolle:

Tag	Waage Ist in kg	Waage Soll in kg
Mo	75,8	
Di	75,7	
Mi	75,5	
Do	75,4	
Fr	75,2	
Sa	75,1	
So		

Das Vorhaben einer radikalen Umstellung gewohnter Verhaltensweisen, ein „Nie mehr …" oder ein „Ab morgen werde ich immer …", führt nur selten zum Erfolg. Die nächste Niederlage ist damit meist schon vorprogrammiert. Pläne mit Absolutheitscharakter scheitern in der Regel und führen in der Folge zu Frust und Selbstzweifel. Die kleinen Einzelschritte, die mit Kick leicht zu bewältigen sind, zeigen hingegen in der Summe ein erfolgreiches Ergebnis auf der Waage. Man sollte das Vorhaben aber mit Durchhaltevermögen und viel Geduld angehen und sich von Rückschlägen und Phasen der Stagnation nicht entmutigen lassen.

Die Erfahrung hat gezeigt, dass sich das Essverhalten durch eine stete Kick-Anwendung allmählich von selbst reguliert. Es bedarf nicht mehr der stetigen Kick-Regulierung, die Kalorienaufnahme reduziert sich von selbst.

Das Phänomen Zeit

Auch eine philosophische Betrachtung des Begriffes „Zeit" muss im Sinne der Länge des Buches eingegrenzt werden. Schon die relativ einfache Frage nach Anfang und Ende der Zeit überfordern sowohl das Vorstellungsvermögen als auch die intellektuellen Fähigkeiten menschlichen Denkvermögens. Erfahrungswerte liefern, wenn überhaupt, nur begrenzte Zeitabschnitte wie das Mittelalter als historisches Beispiel oder natürlich vorgegebene Zeitperioden wie die Mondphasen oder Zeiten, die dem einzelnen Menschen zugewiesen sind: Arbeitszeiten, Urlaubszeiten oder auch die Lebenszeit.

Alle Vorstellungen von Anfang und Ende der Zeit sind Spekulation, Vermutung, Wunschdenken oder Glaube.

Nach dem heutigen Stand der Naturwissenschaften lässt sich die Frage vom Anfang der Zeit nicht beantworten, denn spontan drängen sich Fragen auf: Was war vor dem Anfang? Was war vor dem Voranfang? Ebenso die Fragen zum Ende der Zeit: Was wird nach dem Ende der Zeit sein? Und danach? Um diesen offenen Fragen auszuweichen, gehen wir davon aus, dass Anfang und Ende der Zeit unbegrenzt sind:

neg. unendlich <= begrenzte Zeitabschnitte => pos. unendlich

Beschränken wir uns hier auf die begrenzten Zeiten, die dem einzelnen Menschen gegeben sind: Die Zeit zwischen Geburt und physischem Tod, und speziell auf die Zeitabschnitte, die der Mensch bewusst erlebt, die von ihm zu beeinflussen sind.
Die Zeit selbst ist nicht zu beeinflussen, sie läuft unaufhörlich.

Einfluss nehmen können wir nur auf Einzelentscheidungen, die uns das Leben ständig abverlangt, in großen wie in kleinen, in wichtigen wie in belanglosen Dingen.
Dabei ist unser Zeitempfinden nicht statisch, die von uns gefühlte Zeit kann durch Gemütszustand oder äußere Umstände sehr verschieden sein: Langeweile kann die Zeit wie ein Gummiband in die Länge ziehen oder die Zeit vergeht wie im Flug.
Relevant für die Anwendung von KICK ist die Grobunterscheidung zwischen verlorener Zeit, genutzter Zeit und Ruhezeit. In den folgenden Unterkapiteln gehen wir näher auf diese verschiedenen Zeitphasen ein.

Verlorene Zeit

Ein erheblicher Teil der uns gegebenen Zeit geht auf natürliche Weise verloren. Die Natur bemisst die Zahl der Samenkörner eines Baumes in der Größenordnung von Hunderttausenden bis Millionen, wobei die allermeisten verloren gehen, sie werden gefressen oder fallen auf unfruchtbaren Boden und verrotten. Nur wenige entwickeln sich zu einem Baum.
Die stetig komplexer werdende Zivilisation, in der der Mensch lebt, stellt ihn vor immer größer werdenden Alltagsproblemen und deren Bewältigung, oft auch verbunden mit erheblichem Zeitdruck. Dem müssen sich unsere Vettern, die Schimpansen, so nicht stellen. Bevor allerdings Missgunst und Neid gegenüber unserer tierischen Verwandtschaft aufkommen, sei erinnert, dass

der Schimpanse das Erlebnis eines Fernsehabends mit Bier und Knabberei im Regelfall nicht genießen kann.

Für uns Menschen gibt es in jeder einzelnen Entscheidungssituation, also jeder richtungsweisenden Weiche, vor der wir stehen, die Möglichkeit, unterschiedliche Richtungen einzuschlagen. Die Richtung, die wir wählen, kann uns entweder positiv oder negativ beeinflussen, sei die Wirkung noch so gering. Hierbei kann sich die zunächst marginal erscheinende Veränderung in der Folge durchaus richtunggebend, prägend, ja im Einzelfall Schicksal entscheidend zeigen.

Ein weiteres Beispiel zeigt uns die schier unbegrenzten Einsatzmöglichkeiten des KICK-Impulses:

Vom Preis abgesehen, haben viele Menschen Probleme damit, sich zum Kauf einer neuen Kaffeemaschine zu entschließen, obwohl diese Anschaffung viele Vorteile bietet. Die Bedienung einer neuen Maschine aber hemmt die Kaufentscheidung, da ein gewisses technisches Einfühlungsvermögen gefordert ist. Der alte Kaffeefilter ist vertraut, die Handhabung einer neuen Maschine macht Angst. Dennoch erscheint es besser mit einem KICK alle Zweifel zu zerstreuen und die Maschine zu kaufen. Somit ist man gezwungen sich mit der Gebrauchsanweisung zu beschäftigen, nach einigen Versuchen wird die Bedienung zur Routine. Den Schritt getan zu haben, erfüllt den KICK-Sager im Nachhinein mit Stolz. Selbstüberwindung und Erfolg resultieren auch in diesem Falle aus einem einfachen und leicht über die Lippen gehenden Kick.

Durch innere, vor allem genetisch bedingte Steuerungen, und durch äußere Faktoren wie Wetter, Jahreszeiten, Nahrungsangebot und viele andere Einflüsse ergeben sich laufend Entscheidungssituationen, die meist nicht als solche erkannt werden, da sie in der Routine des Alltags unbewusst und reflexartig entschieden werden.

Zwischen der Zeit der natürlichen Ruhe und der Tätigkeit gibt es eine Schnittmenge, eine Überlappung, die man als Zeit der Entscheidungen bezeichnen kann. Während Ruhezeiten für

Wohlbefinden und Leistungsfähigkeit absolut notwendig sind, also nicht durch KICK-Impulse unterbrochen werden sollten, sind sie während der Zeiten der Aktivität normalerweise überflüssig, da der natürliche innere Antrieb während dieser Phase den KICK-Impuls ersetzt. Zeiten allerdings, die nicht eindeutig als Ruhephasen oder als Phasen der Aktivität festgelegt werden können, also Zwischenbereiche, können durch Kick-Impulse äußerst fruchtbar gestaltet werden.

Und noch ein Hinweis: Manche Menschen neigen dazu, stets nach hinten zu schauen. KICK ist immer nach vorne gerichtet!

Der stete Blick zurück ist verlorene Zeit. Nur das Jetzt und die Zukunft gelten, nur das Jetzt und die Zukunft sind zu beeinflussen. Die Vergangenheit dient höchstens als Erfahrungsschatz für die Zukunft.

Genutzte Zeit

Wie schon angedeutet, ist die erste Voraussetzung für den Einsatz von KICK, relevante Entscheidungsmomente rechtzeitig zu erkennen.

Diese Momente reihen sich während eines Tagesverlaufs zeitweise dicht gedrängt, zeitweise in größeren Abständen, wie Perlen an einer Schnur aneinander. Häufig werden sie übersehen, übergangen oder als bedeutungslos beiseitegeschoben. Dabei können Entscheidungen, auch wenn sie als noch so unwichtig eingeschätzt werden, elementare Auswirkungen auf unser Leben haben.

Wie aber können wir Entscheidungsmomente erkennen, wie machen wir uns solche bewusst? Hier spielt das Wort „bewusst" eine entscheidende Rolle. Man kann seine Zeit wie im Halbschlaf verbringen oder man geht hellwach durchs Leben, schätzt Situationen bewusst ein und erkennt Gegebenheiten, bei denen man sich entscheiden muss. Es ist wichtig, ein Gespür dafür zu entwickeln, wann und bei welchen Gelegenheiten Entscheidungen gefordert sind.

Anstatt z. B. nur ohne Ziel vor dem Handy zu sitzen, nutzt man die Zeit besser um etwas Sinngebendes zu tun.

Es ist immer wieder die gleiche Kernaussage: Entscheidend ist nicht der große Plan, sondern der kleine Schritt, der uns in die zielführende Richtung bringt. Wir müssen nur die Entscheidungssituation, die Weggabelung, die vor uns liegt, erkennen, dann können wir bewusst und positiv handeln.

Es gilt, spontan zu entscheiden, ohne unnötiges Reflektieren, ohne Zögern und hemmendes Nachdenken, und dem intuitiven Bauchgefühl im positiven Sinne zu folgen.

Natürlich kann der vermeintlich positive Weg in einzelnen Fällen auch ein Irrweg sein, aber im Schnitt und unterm Strich liefert er ein für uns vorteilhaftes Gesamtergebnis.

Handeln wir in diesem Sinne, dann reiht sich ein positives Ergebnis an das andere, das Leben verbessert sich insgesamt.

Wir setzen uns zwar Ziele und strukturieren unsere Lebenszeit damit in einzelne Lebensabschnitte, die sich durch „Start-Ziel"-Abschnitte (von der Entscheidung, ein Ziel erreichen zu wollen, bis zum Erreichen des Ziels) darstellen lassen. Entscheidend aber sind immer die kleinen Impulse (die kleinen Kicks), die uns voranbringen.

Wir können mit Bewusstsein und Willen einen Teil der „verlorenen Zeit" mithilfe des KICKs als genutzte Zeit unseres Lebens verbuchen.

Nach und nach stellt sich ein Automatismus ein, der den KICK verselbstständigt, sodass der bewusste Einsatz von KICK oft überflüssig wird. So gestaltet sich das Leben leichter, freier und erfolgreicher, ohne besondere Anstrengungen.

Zeit der Ruhe, Besinnung und Entspannung

Ein wichtiger Punkt sollte noch erwähnt sein: Zeiten der Ruhe und Zeiten der Regeneration. Ohne Ruhe, Schlaf, Sport oder sonstige Freizeitaktivitäten verkümmern Körper und Geist. Ruhezeit ist keine verlorene Zeit!

Eine gesunde Ausgewogenheit zwischen Ruhephasen und Zeiten der Aktivität ist die fundamentale Voraussetzung für ein erfolgreiches Leben.

Kampf dem Stress

KICK wirkt nicht nur als Impuls, der eine Tätigkeit einleitet, sondern auch, um zum Beispiel unter Stresssituationen zu innerer Ruhe zu kommen, um durch Innehalten und Entschleunigung neue Kraft zu tanken.

Man schließt die Augen und sagt sich: „KICK: Ruhig, ganz ruhig, ich bin stärker als der Stress, ich lasse mich nicht von diesem Krakenarm treiben, ich bin mein eigener Herr, ich bestimme das Tempo, ich kann es mir leisten, einen Moment zu verweilen!"

Konfliktsituationen im Beruf

Die wohl häufigsten Konfliktsituationen im Beruf zwischen Beschäftigten und Vorgesetzten ergibt sich aus den verschiedenen Sichtweisen hinsichtlich der Befristung von Arbeitsabläufen.
    Oft spielt dabei die zeitliche Begrenzung eine gewichtige Rolle. Während die Zeitvorgabe am Fließband eine Frage der

technischen Einstellung des Bandes ist, kann eine gestalterische Arbeit zeitlich sehr variabel sein. Während es aus Sicht des Sachbearbeiters wichtig ist, genügend Zeit zur Verfügung zu haben, um die gestellte Aufgabe korrekt auszuführen, unterliegt der Vorgesetzte gegebenenfalls einem Zeitdruck, der wiederum von seinem Vorgesetzten, von Kunden, Vertragspartnern oder betrieblich bedingten Zwängen ausgeübt wird.

Wie aber ist mit solchen Konflikten umzugehen?

Zeitdruck erzeugt normalerweise kontraproduktiven Stress, der unkonzentrierte Arbeit zur Folge hat. In solchen Situationen ist es wichtig die innere Ruhe zu bewahren. Dafür sagt man sich mit einem Kick:

„Ruhe, ganz ruhig, mir kann nichts passieren, Ruhe macht mich stark, die Ruhe gibt mir die Kraft, die Situation zu bewältigen."

Um Gelassenheit und Konzentrationsfähigkeit zu erlangen, bedarf es vielleicht mehrerer Kick-Anstöße, mit der Zeit aber stellt sich ein gewisser Kick-Mechanismus ein. Die innere Ruhe kommt bereits nach wenigen Kicks Stresssymptome treten erst gar nicht auf oder zeigen sich nur noch abgeschwächt.

Was für die meisten Bereiche des Lebens gilt, lässt sich natürlich auch auf Situationen im Beruf übertragen. Auch hier gibt es innere Blockaden – Angst vor der Arbeit, vor neuen Herausforderungen, vor Kollegen oder Vorgesetzten. Meist bedarf es nur eines kleinen Impulses, um eine unangenehme Situation zu überwinden, um mit einem KICK die Brücke zu einem neuen Ufer zu schlagen. Selbstüberwindung ist keine Frage der Selbstkasteiung, sie ist meist nur ein kleiner Schritt zu neuer Stärke, zu neuem Selbstvertrauen und neuer Tatkraft. Der Impuls zu dieser Selbstüberwindung könnte zum Beispiel so aussehen: „KICK, ich gehe jetzt zu meinem Chef und erkläre ihm, was mich bei diesen oder jenen Umständen stört. Ich werde in meiner Arbeit beeinträchtigt, das macht mich mit der Zeit krank." Seien es Mitarbeiter, der Zeitdruck oder die allgemeinen Arbeitsbedingungen, die Arbeitskraft kann durch widrige Umstände auch zum Nachteil einer Firma stark beeinträchtigt werden.

Wenn man ein distanziertes Verhältnis zu seinem Vorgesetzten hat, ist die Überwindung zu einer Aussprache mit ihm nicht leicht, aber ein beherztes „KICK! Ich gehe jetzt zu …" kann befreien und neue Perspektiven öffnen. Selbst bei einer negativen Reaktion des Chefs bleibt ein Gefühl der Selbstzufriedenheit, den Schritt gewagt zu haben. Eventuell erkennen dies auch die Mitarbeiter an und begegnen der Kollegin oder dem Kollegen mit mehr Respekt. Auch eine noch so schwer erscheinende Selbstüberwindung kann vor Beginn einer unangenehmen Arbeit mit einem KICK geleistet werden.

Ein Beispiel: Eine neue Fertigungsmaschine soll installiert werden. Der Lehrgang für die Bedienung der neuen Anlage erfordert Lernbereitschaft und technisches Abstraktionsvermögen. Die Angst vor dieser Herausforderung macht die Entscheidung schwer, sich der Aufgabe zu stellen, den Lehrgang zu besuchen oder die Entscheidung einem Kollegen zu überlassen und damit das Risiko einzugehen, auf einen weniger qualifizierten Arbeitsplatz abgeschoben zu werden. Sie ahnen es: KICK ist zur Stelle. Man kämpft sich durch den Lehrgang und fühlt sich danach zufrieden, ja stolz auf diese Selbstüberwindung.

Allgemeiner lässt es sich so sagen: Die stete Anforderung, sich im Beruf fortzubilden, erfordert von uns immer wieder Entscheidungen, entweder stehen zu bleiben und gegenüber anderen abzufallen, oder Herausforderungen anzunehmen und sich damit fortzuentwickeln. Der innere KICK ist hierfür das einfachste und effektivste Werkzeug.

Immer dann, wenn der natürliche Anstoß zum Lernen aus welchen Gründen auch immer fehlt, kann KICK diesen fehlenden Anstoß mit ein wenig Selbstüberwindung ersetzen. KICK sollte aber impulsiv erfolgen, ohne weitere Reflexion der Situation, ohne Zweifel, ohne weitere Überlegungen, ohne alle Möglichkeiten abzuwägen. Mit einem entschlossenen KICK: „Ja, ich mache das jetzt und sofort!" ist der Anstoß gegeben, nach vorne zu gehen. Unterm Strich werden Sie gut damit fahren und mit der Zeit werden Sie KICK als Hilfsmittel Ihres Lebens wertschätzen.

Der Umgang mit Kollegen

Ein häufiges Problem im Beruf ist ein gespanntes Verhältnis zwischen Mitarbeitern, die gegenseitig nicht weisungsbefugt sind. Aus Sicht eines Betroffenen liegt das Problem einer konfliktreichen Zusammenarbeit vorwiegend am Verhalten der anderen Kollegen, weniger am eigenen. Diese einseitige Beurteilung ist nachvollziehbar, da der Mensch bekanntlich dazu neigt, Fehler bei den lieben Mitmenschen zu suchen. Ein einziger Kick kann genügen, um sich in die Situation des Anderen hinein zu versetzen, um dessen Standpunkt besser zu verstehen, um sein Verhalten nachvollziehen zu können. Schon dieses SichAnnähernkönnen kann eventuell eine konfrontative Situation entschärfen und aufkommenden Hass oder unnötigen Stress mindern oder vermeiden.

Kreative Berufe

Insbesondere diejenigen Berufe, in denen geistige Beweglichkeit und kreative Ideen gefragt sind, erfordern häufig einen Anschub, um eine geistig rege und produktive Denkphase anzukurbeln.

Jeder beruflich Freischaffende kennt das berüchtigte kreative Loch, in dem man eine Leere spürt, eine Barriere, eine Blockade, ein Tief der Konzentrationsfähigkeit, das jede geistige Bewegung lähmt.

Ein kleiner Anschub kann es ermöglichen, die Brücke zu fruchtbarem Arbeiten zu schlagen und Denkblockaden zu durchbrechen. Auf einen KICK folgt ein Eintauchen in eine fantasiereiche, aber auch pragmatisch orientierte Schaffensphase, in eine Gedankenwelt, die berufliche Erfolge ermöglicht.

Lernen

Die komplexe und bis ins kleinste Detail durchstrukturierte moderne Welt verlangt von uns direkt oder indirekt ein lebenslanges Lernen. Technische Innovationen und gesellschaftliche Entwicklungen verfolgen uns bis tief in den privaten Bereich.

Die Verweigerung, technischen Fortschritt anzunehmen, ermöglicht zwar ein Überleben auf niedrigem Niveau, aber die Möglichkeit an den Vorzügen der modernen Gesellschaft teilzuhaben, ist mit einer solchen Haltung nicht mehr gegeben.

In der Schule

Schüler, denen das Lernen Spaß macht, die gerne und motiviert in die Schule gehen, haben den KICK-Impuls sozusagen in einem Teilbereich ihres Gehirns implantiert, in dem unbewusst Impulse erzeugt werden, die als Antriebsmotor für Wissensdurst und Strebsamkeit aktiv sind.

Aufgabe dieses Buches ist es nicht, soziale oder genetische Einflüsse auf individuelle Unterschiede der Lernbereitschaft zu analysieren. Es geht vielmehr darum, Schülern, die Probleme in der Schule haben, die immer wieder durch Unlust und Verweigerung auffallen, ein Hilfsmittel an die Hand zu geben. Man kann ihnen helfen, die Angst vor der Schule zu überwinden, indem man ihnen klarmacht, dass ein Ziel erreichbar ist, wenn man die vielen kleinen Blockaden jeweils mit einem entschlossenen KICK beiseiteschiebt und damit einen Schritt weiterkommt. Da jeder Mensch, ob jung oder alt, irgendein Ziel vor Augen hat, sei es noch so bescheiden, ist eine Motivation bereits gegeben, die nur noch durch einen kleinen KICK verstärkt werden muss. Immer wieder muss betont werden, dass uns nur die kleinen Schritte weiterführen, den großen Sprung ins Ziel, den gibt es normalerweise nicht, er ist nur ein Wunschdenken, ein Traum.

Selbst in einem anspruchslosen Liebesroman liest man nicht nur die letzte Seite, die Seite, auf der sich die beiden Liebenden endlich in den Armen liegen, sondern man kämpft sich durch den ganzen Schinken, um letztlich mit dem glücklichen Ende des Buches belohnt zu werden. Überspringt man das ganze Buch bis zur letzten Seite, dann bleibt vom glücklichen Ende nur ein blasses Abziehbild all der anderen Liebesromane: Sie haben sich gekriegt, das war vorhersehbar. Das Gleiche gilt für den nicht totzukriegenden Heimatfilm. Sieht man sich nur das Ende des Streifens an, dann ist die Enttäuschung groß, alles schon hundertmal gesehen, was sich ändert sind nur die Schauspieler, die Kostüme und die Landschaft mit dem tollen Sonnenuntergang.

Zurück aber zu den kleinen Schritten! Wie mehrmals erwähnt, sind es diese kleinen Schritte, die uns nach vorne bewegen.

Was im Kleinen funktioniert, sollte im Großen auch gelingen: Das große Ziel, zum Beispiel ein Schulabschluss, kann in viele Unterziele eingeteilt werden, die wieder in kleinste Schritte gestückelt werden können. Natürlich sollte man das große Ziel nicht aus den Augen verlieren, sich aber auch nicht von der großen Aufgabe, die vor einem liegt, erdrücken lassen.

Es ist unmöglich, mit einem Schritt den Gipfel eines hohen Berges (das angestrebte Ziel) zu erreichen. Mit vielen kleinen Schritten aber schaffen wir es, früher oder später am Ziel anzukommen.

Konzentrieren wir uns also möglichst nur auf den nächsten Schritt, so kommt uns das Ziel wie von selbst entgegen.

Denn ein dickes Lehrbuch vor Augen zu haben, kann uns leicht die Zuversicht nehmen, diesen ganzen Stoff je bewältigen zu können. Mit einem KICK aber sehen wir uns die erste Zeile, den ersten Satz an. Der zweite Schritt, der zweite Satz, ist schon leichter anzugehen, es beginnt fast wie von selbst zu fließen. Kommen wir ins Stocken, dann hilft ein weiterer KICK.

Der Tagesplan eines Schülers könnte in etwa so aussehen: Vorgaben sind die zu erledigenden Hausaufgaben, der zu erlernende Stoff und die zur Verfügung stehende Zeit. Zunächst muss eine Priorität gesetzt werden: normalerweise zuerst die Erledigung der Hausaufgaben für den nächsten Schultag, dann das Erlernen wichtiger Stoffinhalte, das heißt, neuer Stoff und Wiederholungen.

Empfohlen wird jeweils ein als Notiz skizzierter Tagesplan, in etwa folgendermaßen:
14 bis 16 Uhr: Hausaufgaben in Mathematik, Englisch und Deutsch für den nächsten Tag.
16 bis 17 Uhr: Neuen Stoff in Biologie und Chemie erlernen.
17 bis 18 Uhr: Wiederholung der Französisch-Vokabeln der letzten Woche.

Ein solcher Plan kann verfeinert werden, indem man grobe Umrisse in kleinere Einheiten einteilt.

Je kleiner die einzelnen KICK-Schritte, desto leichter sind diese zu gehen. Den ersten Satz im Lehrbuch für Französisch zu beginnen ist einfacher, als den Anfang zu finden, wenn man ein ganzes Kapitel vor sich sieht.

Im Regelfall wird auch die Lehrkraft diesem Prinzip folgen, allerdings differenzierter und stärker am vorgegebenen Lehrstoff orientiert.

Im Lehrberuf

So unterschiedlich die Anforderungen an die Lehrkräfte der verschiedenen Lehrinstitutionen von der Grundschule bis zur Hochschule auch sind, Probleme allgemeiner Art kommen in allen Schulformen vor. Auch Fachkräfte in Kindergärten, berufsbildenden Schulen und sonstigen Bildungseinrichtungen sind dieser Problematik unterlegen. Gemeint sind spezielle Anforderungen an Einfühlsamkeit, Durchsetzungsvermögen und didaktischem Können der Lehrkräfte.

Es ist natürlich schwer vorstellbar, dass sich ein einziger Kick in einer konkreten Situation als hilfreich erweist. Aber stellen wir uns vor, die Respektlosigkeit einer undisziplinierten Schulklasse gegenüber einer Lehrkraft führt zu einem unerträglichen Lärmpegel. Der Stress führt bei der Lehrkraft zu Resignation, ja zur Verzweiflung. Aus dieser Stresssituation führt zum Beispiel folgende Reaktion: Die Lehrkraft versucht eine innerliche Distanz zum Geschehen zu finden, indem sie den Kick anwendet: „Ruhe bewahren, nichts sagen. Man wird mich in diesem Lärm ohnehin nicht hören, ich bin diesem Sauhaufen in jedem Fall überlegen, sie werden sich auch wieder beruhigen." Statt sich die Stimme zu ruinieren, kann sich die Lehrkraft mit einem KICK und mithilfe einer Tafel oder eines Overheads eine Botschaft an die Klasse senden: „Meine Damen und Herren, wenn die Leistung Ihrer Gehirne dem Ihrer Stimmen entspricht, dann werden Sie in Ihrem späteren Beruf viel Erfolg haben. Falls dies nicht der Fall sein sollte, machen Sie sich keine Sorgen, auch ungelernte Hilfskräfte werden in unserer Gesellschaft gebraucht, notfalls wartet eine Parkbank als Nachtquartier auf Sie." Diese wird ihre Wirkung nicht verfehlen und in Zukunft könnten solch unangenehmen Begebenheiten vermieden werden. Der Respekt gegenüber der Lehrkraft wird wieder hergestellt und eine vernünftige Zusammenarbeit gewährleistet.

Erziehung

Die Bedeutung des Begriffes „Erziehung" vollzog im letzten Jahrhundert eine grundsätzliche Wandlung. Bis weit ins 20. Jahrhundert hinein, für Deutschland kann man sagen bis in die 60er Jahre, war Strenge des Erziehungsberechtigten gegenüber Kleinkindern, Schülern oder Studenten Grundpfeiler des pädagogischen Handelns. Bilder des strengen Vaters, des strengen Lehrers, des strengen Pfarrers prägten die Vorstellung des Verhältnisses zwischen Lehrenden und Lernenden. Heute hingegen, nach einem grundsätzlichen gesellschaftlichen Wandel, zeigt sich die Rollenverteilung eher umgekehrt: Oft werden Eltern von ihren Kindern und Lehrer von ihren Schülern erzogen. Kinder benehmen sich gelegentlich wie wild gewordene Tyrannen, wenn grenzenlose Toleranz seitens der Erziehenden jegliche Orientierung verhindert.

Gewisse Ordnungsprinzipien sind auch in der freiesten Gesellschaft notwendig, sonst wächst aus Toleranz das absolute Chaos. Natürlich kann man Auswüchse nicht verallgemeinern, aber offensichtlich gibt es eine Tendenz hin zu einer gesellschaftlichen Verrohung, unterstützt und gefördert durch moderne Medien, die zum Beispiel durch minderwertige Fernsehserien tiefste Instinkte von Ungerechtigkeit, Willkür und Gewalt wecken.

Angesagt ist darum ein gesundes Mittelmaß in der Erziehung, das die erwähnten Extreme durch ein vernünftiges Umgehen miteinander ersetzt. Gegenseitige Wertschätzung und Respekt können ein fruchtbarer Boden für eine erfolgreiche Erziehung sein.

Hierbei gilt, Freiräume zu belassen und innerhalb gesetzter Grenzen Toleranz zu üben. Es gibt keine allgemeingültigen Regeln, wie weit Grenzen zu definieren sind, sie müssen je nach Fall individuell gezogen werden. Auch Kinder sind Individuen, die speziell behandelt werden wollen. Es ist wichtig, Stärken zu fördern und Schwächen so weit wie möglich zu tolerieren und als gegeben anzusehen. Von unseren Wertvorstellungen aus gesehen, spiegeln Schwächen Fehler der Natur wider.

Kinder zum Beispiel zeigen oft die außerordentliche Begabung, die Selbstbeherrschung der Eltern bis an die Grenzen herauszufordern. Im Einzelfall muss die gereizte Atmosphäre so weit beruhigt werden, dass es nicht so weit kommt, dass „die Hand ausrutscht".

Mit einem inneren KICK ist es in solchen Situationen möglich, die Ruhe zu bewahren und Abstand zum Geschehen zu gewinnen. Ein KICK trägt mit einem vorgemerkten Satz dazu bei, die Lage zu entschärfen: „Es geht vorbei, ich bin jetzt ganz ruhig, ich gehe mal aus dem Zimmer, bis sich die Erregung gelegt hat." Maßgebend ist, einen Bruch zwischen Eltern und Kindern zu verhindern, um irreparable Schäden in der Entwicklung des Kindes zu vermeiden. Man sollte sich in Situationen der Spannung vergegenwärtigen, dass dieser Konflikt, gemessen an schwerwiegenden Problemen der Welt, wie Hungersnot, Krieg oder allgemein die bedrohte Existenz von Menschen, bedeutungslos ist. Man darf sich nicht von einer an realen Problemen gemessen nichtigen Auseinandersetzung auffressen lassen.

Gelegentlich hilft bei Konflikten in der Erziehung auch autogenes Training. Man setzt sich in einen Sessel und erinnert sich an ein schönes Erlebnis während des letzten Urlaubs. Dadurch gewinnt man Abstand zum Geschehen.

In diesem Zusammenhang möchte ich noch eine Problematik der heutigen Erziehung ansprechen. Es ist ein auffallendes Phänomen, dass viele Eltern überzogene Erwartungen an ihre Kinder haben. Die Ursache dieser Entwicklung zu erkunden oder zu erklären, kann nicht Aufgabe dieses Buches sein, aber auch hier kann ein KICK im rechten Moment den überzogenen Ehrgeiz der Eltern bremsen und die natürliche Entwicklung des Kindes positiv beeinflussen. Es ist wichtig, sich dies immer wieder zu vergegenwärtigen: Zu ehrgeizige Erwartungen an das Kind sind kein Ersatz für die eigenen Versäumnisse. Sie können sich kontraproduktiv auswirken, wenn sie die absolute Verweigerung des Kindes zur Folge hat.

Konflikte im Bereich der Erziehung entwickeln oft eine gefährliche Eigendynamik. Wenn die Kontrolle über das Geschehen entgleitet, kann es schnell zur ungewollten Eskalation kommen, die bleibende Schäden in den Beziehungen verursacht. Das Sich-Versteifen auf einer bestimmten Position, das Beharren auf einer festgelegten Meinung, fördert eine Entwicklung, die nur noch schwer zu beherrschen ist. Ein KICK im rechten Moment wirkt wie ein Schalter, der es ermöglicht, wieder ein vernünftiges Umgehen miteinander zu pflegen. Ein kleiner KICK gibt uns die Kraft, die Selbstbeherrschung zurückzugewinnen und eine negative Entwicklung positiv zu beeinflussen, um eine drohende Eskalation zu verhindern.

Ordnung ist das halbe Leben

Ordnung, als äußere Struktur unseres Lebens, bildet einerseits ein Korsett, das einschränkt, einengt und begrenzt. Andererseits wiederum öffnet sie Freiräume und die Möglichkeit, Zeit für die wichtigen Dinge im Leben zu gewinnen. Ordnung lässt uns das Leben erfolgreicher gestalten, sie ermöglicht ein Mehr an sinnvoller Arbeit, Fortbildung, Kreativität, Freizeit zur Erholung und Entspannung. Ein geordnetes Leben ist die Voraussetzung für eine sinnvolle Nutzung unserer wertvollen Zeit. Wenn wir nicht einen Großteil unserer Zeit für unnötigen Kleinkram verschwenden wollen, dann müssen wir unseren Weg in geordneten Bahnen gehen.

Es liegt allerdings an uns selbst, diese Bahnen zu definieren und Wege abzustecken, um die Zeitverschwendung möglichst gering zu halten.

Ordnung beginnt bereits bei unwichtig erscheinenden Dingen, wie zum Beispiel das Aufhängen der Haustürschlüssel an einen bestimmten Haken am Schlüsselbrett. So banal es klingt: Selbst wenn sich an einem Schlüsselbrett nur wenige Haken für Haustürschlüssel, Autoschlüssel, Kellerschlüssel und andere befinden, dann geht beim Suchen des richtigen Schlüssels zwar nur eine geringe Zeitspanne verloren, wenn die Schlüssel willkürlich aufgehängt werden. Aber diese Zeit summiert sich mit den Jahren. Wenn man die Zeit dazurechnet, die bei anderen Gelegenheiten vertan wird, dann kann man überspitzt sagen: Ein Teil unseres Lebens wird durch innere Unordnung und Disziplinlosigkeit verschenkt. In unserem Beispiel ist es so einfach, mit einem einzigen KICK jeden einzelnen Schlüssel einem bestimmten Haken zuzuordnen, man muss diese „Ordnung im Kleinen" nur konsequent durchhalten. Zur Unterstützung des Gedächtnisses können die Haken zusätzlich beschriftet oder mit Zeichen oder Farben gekennzeichnet werden. Wird die Zuordnung künftig beibehalten, dann merkt sich das Gehirn die richtige Position. Man greift unbewusst zum richtigen Schlüssel, man muss nicht jedes Mal das ganze Brett durchsuchen, um den passenden Schlüssel zu finden. Dieses einfache Prinzip lässt sich auf viele Dinge im Haushalt übertragen: Eine Brille gehört an einen bestimmten Platz, zum Beispiel auf den Schreibtisch oder in die Nähe des Telefons oder auf den Couchtisch.

Man muss sich eben, vielleicht mit einem KICK, entschließen, die Sache A nach Gebrauch auf den Platz B zurückzulegen, statt A aus Gedankenlosigkeit einfach irgendwo abzulegen und bei der nächsten Gelegenheit im ganzen Haushalt suchen zu müssen. Eine sinnlose Zeitverschwendung, die eine einzige KICK-Entscheidung nachhaltig verhindern kann.

Weitere Beispiele aus der Fülle der Möglichkeiten, die die Ordnung im Haushalt betreffen: Es gibt Menschen, bei denen der Schreibtisch an eine Müllkippe im Kleinen erinnert. So sympathisch diese Menschen in anderen Dingen oft sind, sie machen sich das Leben unnötig schwer. Die Überwindung, ein solches Chaos übersichtlicher zu gestalten, ist enorm, der innere Schweinehund siegt bei jedem Gedanken, sich dieser Herausforderung zu stellen. Es geht hierbei weniger um den optischen Eindruck des Schreibtischs, vielmehr hat die Unordnung einen erheblichen Zeitverlust zur Folge, wenn ein bestimmtes Schriftstück, eine Telefonnummer oder ein geeignetes Schreibzeug gesucht wird. Ein Kuli, dessen Mine leer ist, gehört nicht auf den Schreibtisch, sondern in den Mülleimer. Wie wäre es, sich einmal eine Stunde

Zeit zu nehmen, um sich mit einem KICK seinem Schreibtisch zu widmen. Zunächst kontrolliert man jedes einzelne Stück auf dem Schreibtisch danach, ob es noch gebraucht wird und funktionsfähig ist. Das Aussortieren sollte planmäßig angegangen werden, zum Beispiel von links nach rechts, um den Überblick nicht zu verlieren, um zu sehen, welche Teilbereiche des Schreibtischs bereits kontrolliert und welche noch zu bearbeiten sind. Dasselbe gilt auch für die Schubladen.

In Haushalt und Garten

Was Ordnung betrifft, ist die Küche ein besonders anspruchsvoller Ort. Dabei sind Lebensmittel als besonders sensibel einzustufen, da vor allem Haltbarkeitsdaten eine große Rolle spielen und die Kontrolle derselben in direktem Zusammenhang mit der Handhabung des Begriffes „Ordnung" steht. Grundsätzlich sollte die Lagerung von Lebensmitteln in Schränken oder Regalen in Küche und Speisekammer so gehandhabt werden, dass neuere Lebensmittel nach hinten, ältere nach vorne einzuordnen sind, also so, dass zuerst die älteren Waren verwertet werden. Dieses Prinzip „von vorne nach hinten entnehmen" kann man auch auf das Prinzip „von rechts nach links" oder umgekehrt übertragen.

Gebrauchsgegenstände in der Küche, wie Töpfe, Pfannen und die vielen kleinen und großen Küchengeräte wie Kochlöffel, Öffner, Küchenmaschinen und andere, sollten so platziert werden, dass sie leicht zu greifen sind. Selten benutzte Stücke gehören eher ganz nach oben, unten oder ganz nach hinten, damit man die öfter gebrauchten Dinge möglichst ohne Bücken oder Strecken herausnehmen kann.

Ein besonderes Problem stellt die Tiefkühltruhe oder der Tiefkühlschrank dar. Ohne Ordnung in der Truhe durchsucht man diese mühsam und zeitaufwendig, bis man endlich das Gesuchte findet oder feststellen muss, dass es bereits aufgebraucht ist. Zudem wird unnötig Energie verschwendet, da die offene Truhe

Wärme aufnimmt. Im Tiefkühlschrank ist es mit dem Überblick besser bestellt, da man die einzelnen Fächer mit einer Grobeinteilung je nach Bedarf markieren kann. Zum Beispiel: Fleisch, Fisch, Gemüse, Brot, Sonstiges.

Um den Überblick im Gefrierfach zu behalten, empfiehlt es sich, eine Liste über den Inhalt zu führen, wobei drei Spalten für eine Tabelle ausreichen: Bezeichnung des Lebensmittels, Datum der Einlagerung und das Verfallsdatum. Eine solche Liste ist natürlich nur dann sinnvoll, wenn sie penibel genau geführt wird, und die Einlagerung und die Entnahme jeweils, falls notwendig mit einem KICK, protokolliert wird. Um die Liste aktuell zu halten, sollte ein- bis zweimal im Jahr Inventur gemacht werden, also der Inhalt der Truhe oder des Tiefkühlschrankes mit der Liste verglichen und diese entsprechend korrigiert werden. Wichtig ist es natürlich, mit KICK Zu- und Abgänge konsequent einzutragen, damit die Differenzen zwischen Soll und Haben nicht zu groß werden. Wenn man bei jeder Entnahme zusätzlich das fehlende Stück in eine Einkaufsliste einträgt, dann kann man beim nächsten Einkauf dieses ersetzen beziehungsweise wieder einlagern.

Inhalt von Tiefkühlschrank oder Tiefkühltruhe:

Truhe*	**Inhalt**	**Einlagerung Monat**	**Haltbarkeit Monat**
	Bratwürste		
	Bohnen		
	Lachsfilets		
	Hähnchenschlegel		

So lassen sich jede Menge Ordnungsprinzipien im Haushalt festlegen, die einzelnen Handhabungen ergeben sich meist aus der Erfahrung in der Praxis. Aber immer steht dahinter die Regel: „Was Zeit, Arbeit und Ärger spart, wird zum Ordnungsprinzip." Falls ein einziger KICK nicht ausreicht, um die neue Erleichte-

---

* Tiefkühlschrank

rung einzuführen, zeigen ein paar weitere KICKs ein nachhaltiges Ergebnis. Sie sind jederzeit zu wiederholen und vor allem kosten sie nichts.

Ob in der Wohnung, im Garten, im Haushalt allgemein, findet KICK ein schier unbegrenztes Anwendungsgebiet. Die Möglichkeiten für seine Anwendungen zeigen sich jedem, der sich mit offenen Augen in seinem Umfeld bewegt. Jeder kennt das: Man erinnert sich hin und wieder daran, dass die Spülmaschine entkalkt werden muss, der Tiefkühlschrank abgetaut, der Fettfilter der Abzugshaube gewechselt, dass der Kühlschrank gesäubert werden muss. Man neigt dazu, dies zu verdrängen oder auf die nächste Woche zu verschieben. Falls es die Umstände nicht erlauben, mit einem KICK sofort zur Tat zu schreiten, dann wäre die Alternative, einen Zettel mit einem Hinweis ans „Schwarze Brett" zu heften, dass dies und jenes zu erledigen ist. Die Zeit, eine Notiz zu schreiben, ist immer gegeben. Wenn das „Schwarze Brett" vor lauter Zetteln an seine Grenzen stößt, ist der Druck zum Handeln hoffentlich hinreichend groß.

Auch der Garten bietet genügend Gelegenheiten, „KICK" zu sagen. Der Rasen muss gemäht, die Pflanzen gegossen und das Beet gedüngt werden. Das sind Arbeiten, die nicht jedermanns Sache sind. Oder der Grill ist seit dem letzten Grillfest mit einer eingetrockneten, dicken Kruste aus Ruß und altem Fett eingehüllt, er bedarf einer gründlichen Reinigung. Da die Dichtung des Gartenschlauchs defekt ist, muss diese gewechselt werden. Auch hier meine Empfehlung: entweder mit KICK sofort Abhilfe schaffen oder, wenn es nicht anders geht, eine Notiz ans „Schwarze Brett" heften.

Sie sehen, gerade der Privatbereich ist ein Gebiet, in dem KICK überall und zu jeder Zeit wirksam werden kann.

Das Ordnerregal

Je sorgfältiger ein Haushalt geführt wird, desto größer ist die Sammlung der Ordner, die wichtige und unwichtige Dokumente, Protokolle oder Verträge beinhalten. Auch in kleineren Haushalten kann es zu einer umfänglichen „Bibliothek von Ordnern" kommen. Der Überblick fällt schwer, wenn Dokumente in aller Eile planlos in irgendeinem Ordner abgeheftet werden, die Suche nach bestimmten Schriften kann dann zur Qual werden.

Das Anlegen einer Ordnerliste wird daher empfohlen, um einen groben Überblick über Sachgebiete und Inhalte der einzelnen Ordner zu bekommen. Am einfachsten ist es, die Ordner durchzunummerieren und auf der Liste die Nummern mit den Inhaltsbereichen zu verknüpfen.

Ein Beispiel:

Ordner-Nr.	Sachgebiet
1)	Versicherungen
2)	Familiendokumente
3)	Technische Unterlagen
4)	Finanzen
5)	Versorger (Gas, Wasser ...)
6)	Steuer

Damit wichtige Dinge nicht vergessen werden, empfiehlt es sich, eine Liste zu führen, die alle Erledigungen anzeigt, die zum Ersten eines Monats berücksichtigt werden müssen.

Komplexe Strukturen

Alle komplexen Gegenstände, Theorien, Formeln und Regelwerke, alles, was auf Anhieb schwer zu überschauen ist, setzt sich zusammen aus kleinsten Einzelteilen, auch dann, wenn diese Teile nicht sofort zu erkennen sind.

So ist das Vorhaben, einen breiten, reißenden Fluss mit dem Paddelboot zu überqueren, möglicherweise eine große und schwierige Aufgabe, wenn man nur den weiten und mühsamen Weg zum Ziel, also zum anderen Ufer sieht. Denkt man aber an den ersten Paddelschlag, um den Anfang zu machen, dann ist der Weg schon beschritten, die vielen folgenden kleinen Schläge werden fast zur Routine, sie tragen uns dem Ziel immer näher. Selbst neue Hindernisse wie Strudel, Untiefen, Felsen, die Strömung, die uns abtreiben kann, sind zu bewältigen. Wenn wir stets den nächsten Paddelschlag im Auge haben, ist der Weg zu schaffen und das Erreichen des anderen Ufers erfüllt uns mit Stolz und Zufriedenheit.

Auch große Denkkonstruktionen wie Ideologien oder sonstige abstrakte Theorien setzen sich zusammen aus einfachen, oft banalen Erkenntnissen und Sachverhalten. In der Natur lassen sich Verbindungen mit komplizierten chemischen Formeln in einzelne Bestandteile bis hin zu den Atomen und deren Teile zerlegen. Eine umfassende mathematische Formel, deren Kompliziertheit uns Respekt einflößt, basiert nur auf einzelnen leicht nachvollziehbaren Rechenregeln.

Das Ziel liegt oft wie ein großes kaum zu bewältigendes Bündel mit Einzelproblemen vor uns, Angst einflößend und als kaum zu bewältigen empfunden.

Wir wollen das Ziel unbedingt erreichen, aber es fehlt der Mut, den steinigen Pfad zu betreten. Nun gibt es verschiedene Möglichkeiten: zu resignieren, den Start auf unbestimmte Zeit hinauszuzögern oder ohne weiter über den beschwerlichen Weg nachzudenken, zum ersten Schritt anzusetzen. Wir konzentrieren uns nur noch auf den ersten Schritt, dann auf den zweiten und so weiter. Der Weg wird zur Routine, es läuft sich leicht, und wenn wir einmal rasten, dann wundern wir uns, welch große Strecke wir bereits bewältigt haben.

Allgemeiner ausgedrückt: Man belaste sich nicht mit der Vorstellung, wie lang und beschwerlich der gesamte Weg ist, man konzentriere sich besser auf den nächsten, leicht überschaubaren Schritt. Das Ziel soll dabei aber im Unterbewusstsein präsent bleiben, um die Orientierung nicht zu verlieren.

Wir sehen, es ist immer wichtig, das Komplexe bis hin zu seinen kleinsten Bestandteilen zu zerlegen, um es leichter fassbar zu machen. Die Methode, aus dem Komplexen ein vereinfachtes Modell zu konstruieren, um eine umfassende Vorstellung vom Ganzen leicht und verständlich darzustellen, wird gerne genutzt. Dabei kann die Situation anstatt in einzelne Schritte auch zuerst in Module (kleinere Einheiten) zerlegt werden, um die einzelnen Funktionsteile leichter zu erfassen. Der nächste Schritt wäre dann die Zerlegung der Module in ihre Einzelteile.

Die Zerlegung des Komplexen

Wie aber stellen wir es an, ein komplexes Ziel in Einzelschritte aufzuteilen?

Beim Beispiel „Wanderweg" ist es einfach: Falls die Wegstrecke bekannt ist, geht es nur noch um die einzelnen Schritte. Wollen wir den Gesamtweg in einzelne Etappen einteilen, dann kann man die Etappenabschnitte als Module des Ganzen bezeichnen und das Erreichen der Abschnitte als Teilziele darstellen.

Bei einem Vorhaben, das unser Wohlbefinden verbessern soll, wir nehmen hier das Beispiel „Abnehmen", ist die Aufgabe der Zerlegung in Einzelschritte schon etwas differenzierter. Beim Vorgang des Abnehmens liegt eine Kombination verschiedenster Faktoren vor. Unter anderem Planung, Selbstdisziplin, Selbstüberwindung, Selbstbeschränkung bis hin zum Ertragen körperlicher und seelischer Nebenwirkungen. Um all diese Faktoren in der Praxis auf kleinste Schritte zu reduzieren, bedarf es einer exakten Planung.

Ein weiterer Bereich der Zielsetzungen ist die individuelle und effektive Planung des Tagesablaufs: Die Zerlegung des Tagesablaufs in Einzelpunkte muss sowohl vorgegebene Handlungen (zum Beispiel Mahlzeiten) als auch persönliche Bedürfnisse (zum Beispiel Spaziergänge) berücksichtigen. Man sollte alle notwendigen Handlungen des Tages erfassen und dann in zeitlicher Abfolge in einem festen Tagesplan festlegen.

Der Plan sollte aber flexibel sein und sich an geänderte Gegebenheiten anpassen lassen, man darf sich nicht zu seinem Sklaven machen. Der Plan muss sich der Realität anpassen und nicht umgekehrt.

Im Allgemeinen kann man auch solche Zielbeispiele in Module aufspalten, um einen besseren Überblick zu erhalten.

Die Grobaufteilung eines Tagesplanes in Module könnte so aussehen: Vormittag, Mittag, Nachmittag und Abend.

Der umgekehrte Weg: Vom Einfachen zum Komplexen

Die Zerlegung des Komplexen dient uns lediglich dazu, die notwendigen Einzelschritte auf dem Weg zu unserem Ziel klar zu erkennen, damit wir diesen Weg leicht und sicher begehen können. Absicht dieses Buches ist es, dem Leser Wege anzubieten, einen Plan einfacher zu realisieren. Mit möglichst kleinen Schritten, die ohne große Mühe zu bewältigen sind, dem, was wir uns vorgenommen haben, ein kleines Stück näher zu bringen. Etwas abstrahiert formuliert: vom Einfachen zum Komplexen oder vom kleinen Vorhaben zum umfassenden Projekt.

Jeder einzelne Schritt ist ein Teilerfolg, egal wie lang der Weg ist. Ob drei Schritte zum Ziel oder dreißigtausend, das Prinzip ist immer das Gleiche: Wir müssen nur jeweils den nächsten Schritt tun, ohne an die Mühsal des gesamten Weges zu denken.

Ein wichtiger Aspekt sollte allerdings berücksichtigt werden. Das menschliche Gehirn ist so ausgelegt, dass es sich immer nur auf einen Punkt konzentrieren kann, zwei oder mehr Aufgaben auf einmal auszuführen, dazu sind wir nicht in der Lage. Das gleichzeitige Erledigen verschiedener Aufgaben läuft nur scheinbar zur gleichen Zeit ab, tatsächlich springt unser Gehirn ständig von einer Aufgabe zur anderen und wieder zurück. Ein sogenanntes paralleles Arbeiten ist immer ein pseudoparalleles Arbeiten. Dabei geht Zeit verloren und die Konzentration lässt nach. Effektiver ist es, bewusst einen Schritt nach dem anderen zu gehen, das heißt, chronologisch einen Punkt nach dem anderen abzuarbeiten, ohne wie beim parallelen Arbeiten in unnötigen und unproduktiven Stress zu geraten. Vorteilhaft ist es dabei, einen chronologisch aufgebauten Plan zu erstellen, in dem man die einzelnen abzuarbeitenden Punkte auflistet und wenn nötig oder sinnvoll mit vorgegebenen Terminen zeitlich festlegt. Die einzelnen Punkte kann man dann nach deren Erledigung abhaken. In den nachfolgenden Kapiteln geht das Buch näher auf verschiedene mögliche Pläne ein.

Im Büro

Eine typische Konfliktsituation im Büro ist folgende: Man sitzt vor einer komplexen und großen Aufgabe, die wegen ihres Umfangs und Schwierigkeitsgrades auf den ersten Blick unlösbar erscheint. Ein Sachbearbeiter bekommt den Auftrag, Mahnschreiben mit verschiedenen Texten den jeweiligen Kunden zuzuordnen.

Zur Vereinfachung beschränken wir uns im Beispiel in Bezug auf den Zahlungsverzug auf drei Textvariationen:

a. Höflicher Hinweis
b. Angebot zur Stundung
c. Drohung mit Zwangsvollstreckung

Das Problem hierbei ist die Zuordnung: welchen Text an welchen Kunden? Eine zunächst äußerst schwierig erscheinende Aufgabe, deren Lösung von vielen Faktoren abhängt. Die Zuordnung erfordert jeweils eine Entscheidung, die sich im Nachhinein als schwerwiegend erweisen kann. Wiegt nämlich der Verlust eines verprellten Kunden mehr als ein verzögerter Zahlungseingang, dann muss sich der betreffende Sachbearbeiter wegen des für das Unternehmen entstandenen Schadens verantworten. Eine Fehlentscheidung kann auch negative Folgen für seine berufliche Entwicklung haben.

Die Angst vor möglichen Fehlentscheidungen kann den Sachbearbeiter so weit hemmen, dass einerseits das Unternehmen durch das Verschleppen der Arbeit geschädigt und andererseits die psychische Belastung zur Bedrohung für seine Gesundheit wird.

Hier kommt KICK ins Spiel: Es bietet sich an, für jeden Kunden spontan eine Entscheidung zu treffen, ihm ohne Zögern einen Text zuzuordnen, auch im Bewusstsein, dass dieser Text nicht optimal gewählt ist. Der Impuls „KICK" hilft dabei, die gestellte Aufgabe zügig zu beginnen und entschlossen weiterzuführen. Eine Fehlentscheidung unter mehreren richtigen Entscheidungen wirkt sich nicht so negativ aus wie das Nichtentscheiden, der Stillstand. Kein Mensch kann immer optimal entscheiden, ein Großteil unseres Handelns stellt sich im Nachhinein als falsch heraus. Sätze wie

„Das hätte ich doch besser ..." führen nicht weiter. Fehlentscheidungen der Vergangenheit sind selten zu korrigieren, man kann aber versuchen, bereits begangene Fehler nicht zu wiederholen. Allerdings ändern sich auch stetig die Rahmenbedingungen, eine Fehlentscheidung von damals kann heute richtig sein. Wichtig ist es, nicht stehen zu bleiben, sondern Arbeitsabläufe im Fluss zu halten und immer wieder mit einem KICK anzustoßen.

Dabei sollte man eine einmal festgelegte Zuordnung nicht starr beibehalten, sondern flexibel auf Erkenntnisse und Folgen einer Anwendung reagieren und die Möglichkeit offenlassen, die Zuordnung jederzeit korrigieren zu können.

Ein kleiner Hinweis zur oben erwähnten Liste der Zuordnung. Falls möglich, sollte man eine solche Zuordnung oder ähnliche Papiere von einem Vorgesetzten abzeichnen lassen, um die persönliche Verantwortung zu mindern.

Entwickler im Bereich Technik

Immer wieder stolpert man im Alltag, im Beruf oder bei anderer Gelegenheit über ein Problem, über das man sich ärgert. Funktioniert beispielsweise ein spezieller Öffner nur bedingt oder nur unter besonderer Kraftaufwendung, dann fühlt sich ein geistig beweglicher Mensch gefordert, Überlegungen anzustrengen, dieses Gerät hinsichtlich seiner Funktion zu verbessern oder etwas Neues zu entwickeln.

Technische Neuentwicklungen oder die Fortentwicklung bestehender Systeme allerdings erfordern nicht nur Konzentration, sondern im besonderen Maße Einfühlsamkeit und Intuition.

Eine solche Entwicklung setzt voraus, dass es einen Bedarf gibt, es muss also potenzielle Kaufinteressenten geben, damit sich die Entwicklung finanziell bezahlt machen kann und am Markt einen gewissen Erfolg verspricht. Sind diese Voraussetzungen gegeben und die Finanzierung von Entwicklung und Vermarktung gesichert, kann die eigentliche Arbeit am neuen Produkt beginnen. Ein oder mehrere KICKs führen zunächst zur Festlegung der Ziele, das heißt der Vorgabe, was das Produkt leisten soll, wo die Vorteile gegenüber dem aktuellen Stand der Technik liegen. Sind die Ziele festgelegt, so folgt eine grobe Vorstellung der Realisierung, danach beginnt die eigentliche Arbeit mit der Lösung der Detailaufgaben.

Anfängliche Euphorie, die diese neue, aufregende Aufgabe auslösen kann, wird oft durch langwierige Teilarbeit gedämpft. Es treten Enttäuschungen, Rückschläge, zuvor nicht kalkulierte zusätzliche Entwicklungskosten und andere Probleme auf. KICKs zur rechten Zeit können dabei die vorzeitige Aufgabe des gesamten Projektes verhindern, sie fördern das Durchhaltevermögen der am Projekt Beteiligten. Jeder einzelne KICK kann ein entscheidender Schritt auf dem Weg zum Ziel sein.

Sollte aber die Realisierung eines laufenden Projektes als aussichtslos beurteilt werden, dann ist es ratsam, den Abbruch des Vorhabens so schnell wie möglich, wenn nötig mit einem KICK, einzuleiten, um weitere Kosten zu vermeiden und die Mitarbeiter mit anderen, produktiveren Aufgaben zu betreuen.

Ein kleines Beispiel einer technischen Neuentwicklung aus dem Alltag: Das Problem lästiger Stubenfliegen, vor allem während der warmen Jahreszeit, ist allgemein bekannt. Das Gleiche gilt für Spinnen und andere Insekten im Haus oder in der Wohnung. Einerseits möchte man das Ungeziefer loswerden, andererseits rührt sich bei vielen Menschen das schlechte Gewissen, Tiere mit einer Fliegenplätsche totzuschlagen oder zu vergiften. Davon abgesehen hinterlässt die Plätsche Flecken an der Wand oder es gelangen durch chemisch wirkende Fliegenfänger giftige Partikel in die Atemluft. Es gilt also, ein Gerät zu entwickeln, das es ermöglicht, ein Insekt zu fangen, ohne es zu töten, und die Möglichkeit bietet, dasselbe lebend ins Freie zu entlassen. Die meisten Menschen allerdings erkennen solche Probleme nicht als Anregung, etwas Neues zu entwickeln oder zu erfinden, sie nehmen die Tatsache, dass auf dem Markt keine Alternative angeboten wird, als gegeben hin. Mit einem kleinen Anschub aber kann sich jeder in eine neue Welt katapultieren, wenn er sich sagt: „KICK, ich überlege mir eine neue technische Lösung." Man versucht sich dabei immer wieder in die Problematik hineinzudenken, indem man nach und nach die einzelnen Details des Problems angeht. In unserem Beispiel wäre ein wichtiges Teilproblem, das Insekt zu fangen, ohne es totzuschlagen. Unwillkürlich denkt man sofort an einen Staubsauger. Da der normale Teppichstaubsauger zu unhandlich für diese Anwendung ist, nimmt man besser einen kleinen, handlichen Tischsauger, mit dem man gewöhnlich Krümel vom Esstisch saugt. Vorteilhaft wäre es, dem Sauger ein etwa ein Meter langes Plastikrohr von circa 1,5 cm Durchmesser vorzusetzen, damit man das Insekt mühelos mit dem Rohr erreichen und ansaugen kann. Damit wäre das erste Teilproblem bereits gelöst.

Mit diesem Gerät wird das Insekt zwar angesaugt, es landet aber im Auffangbeutel des Saugers. Es wäre zu umständlich, das Gerät zu öffnen und den Beutel zu entnehmen, um das kleine Insekt zu befreien. Dieses Teilproblem könnte mit etwas Überlegung folgendermaßen lösbar sein: Man setzt im Saugrohr, etwa vier Zentimeter vor dem Ende des Rohrs, ein Gitter aus weichem Plastik ein. Das Gitter wirkt als Fangnetz, das Insekt bleibt wohlbehalten am Gitter, solange der Motor läuft, also die Saugwirkung anhält.

So gelangt das Insekt nicht in den Saugbeutel, es bleibt lebend und unbeschadet am Gitter hängen. Durch eine technisch einfach zu realisierende Umschaltung vom Ansaugen zum Ausblasen kann das Insekt im Freien durch Knopfdruck aus dem Rohr ausgeblasen werden, es kann somit leicht befreit werden.

Dies ist nur ein Beispiel, wie man sich im Leben mit einem kleinen Anstoß einer fantasievollen Aufgabe hingeben kann.

Selbst wenn unsere Denkarbeit an einem Problem ohne Ergebnis bleibt, ein Gehirntraining kann nie schaden, vielleicht führt ein anderes Projekt zum Erfolg. Das intensive Nachdenken trainiert in jedem Fall unser Gehirn, macht frei und selbstbewusst und erfüllt uns mit Zufriedenheit.

Ein Hinweis: Der Versuch, dieses Gerät patentamtlich schützen zu lassen, wäre sinnlos, es ist bereits seit längerer Zeit beim Deutschen Patentamt in München angemeldet.

Ein Hemmschuh in uns

Dem Zwang zum steten Lernen steht aber eine natürliche Abneigung gegenüber. Es ist die Angst, unbekanntes Neuland zu begehen, sich unbekannten Gefahren auszusetzen. Auch wenn diese Gefahren nicht konkret vorstellbar sind, sie lauern drohend im Hinterkopf. Die innere Verweigerung gegenüber allem Neuen ist ein genetisch bedingtes Warnsignal, das dem Menschen in Urzeiten eine größere Überlebenschance bot.

Die Überwindung dieser individuell sehr unterschiedlich angelegten Angst vor unbekanntem Terrain fordert oft enorme Selbstüberwindung. Allgemein aber ist festzustellen: Je höher das Alter des Lernenden, desto größer die Skepsis, Neues zu wagen. Dagegen neigt der Mensch in jungen Jahren eher dazu, neues Wissen begierig aufzusaugen, um in neue Welten einzutauchen, um sich durch Wissen Türen zu öffnen, die den Horizont erweitern und zu weiterem Lernen anregen.

Das ständige Hinauszögern, das Verschieben auf den nächsten Tag, auf die nächste Woche, auf den nächsten Monat, beginnt schon im Kleinen: Man begegnet zum Beispiel ständig Wörtern, deren Bedeutung man nicht kennt, die man zwar immer wieder in einem bestimmten Zusammenhang hört oder liest, die man aber nicht richtig einordnen kann. Statt spontan im Lexikon oder im Netz nach der Bedeutung zu suchen, verschiebt man dies aus Bequemlichkeit, oder warum auch immer. Wenn sich wegen äußerer Umstände keine Möglichkeit bietet, die Bedeutung eines Wortes auf der Stelle zu recherchieren, dann sollte man sich eine Liste mit Worten anlegen, deren Bedeutung bei nächster Gelegenheit, etwa in einer ruhigen Abendstunde, nachgesehen werden kann, statt immer wieder an den gleichen Wörtern hängen zu bleiben und sich zu ärgern, weil man den Inhalt nicht kennt. Das Notieren eines unbekannten Begriffes auf einem Zettel ist mit einem KICK schnell erfolgt. Die Zeit, die man damit verbringt, sich immer wieder darüber zu ärgern, dass man ein Wort nicht versteht, ist verlorene Zeit. Der Druck, die Liste mit Wörtern unbekannter Bedeutung abzuarbeiten, wächst mit der Länge der Liste. Die Abarbeitung der Liste erfüllt uns dann mit Zufriedenheit.

Beim Auftauchen eines unbekannten Wortes sollte man daher spontan zu Kuli und Notizzettel greifen. Das ist in einigen Sekunden geschehen.

Ein Beispiel hierzu: Jeder kennt die Abkürzung „BIC" aus dem Bankwesen, aber die wenigsten kennen die Bedeutung der

Abkürzung: „Bank Identifier Code". Die Übersetzung: Identifizierungs-Code einer Bank.

Wie schon angedeutet, kann das Erreichen eines großen Ziels mithilfe eines Zielplans von fundamentalem Vorteil sein. Die Unterteilung in Teilziele oder die zeitliche Einteilung in Module kann die Arbeit am Hauptziel erheblich unterstützen. Auch hier, wie bei anderen Aufgaben, können Tagespläne, Wochenpläne und Monatspläne, also Vorgaben der Einteilung des zu bewältigenden Pensums, von Vorteil sein. Wichtig allerdings ist es, diese Pläne flexibel zu halten, denn äußere Einflüsse können Planvorgaben verzögern oder beschleunigen.

Der Zehn-Minuten-Kick

Eine Erweiterung des Kicks ist der Zehn-Minuten-Kick, in Abkürzung „ZMK" genannt, der sich in der Praxis als besonders effektiv gezeigt hat.

Zehn Minuten konzentrierter Arbeit ist leicht zu bewältigen. Damit hat man einen Anfang gemacht, die nächsten zehn Minuten erledigen sich dann fast von selbst, eine Kurzphase der Konzentration reiht sich an die andere. Mit der Zeit entwickelt sich sogar ein gewisser Ehrgeiz möglichst viele ZMKs bewältigt zu haben. Als hilfreich hat es sich erwiesen die Zielzeit, also den Zeitpunkt Zehn Minuten nach dem KICK auf einem Zettel zu notieren.

KICK als ständiger Begleiter

Die Vorstellung vom Krake, der uns mit seinen Fangarmen greifen will, führt uns wie am Anfang beschrieben auf den Begriff KICK. Optimal wäre es, die alltägliche Anwendung des KICK zur Routine zu machen.

Zur Vereinfachung des KICK-Gebrauches stellen Sie sich KICK als Werkzeug vor, zum Beispiel als Hammer, der im konkreten Falle dazu dient, einen Nagel in die Wand zu schlagen. Ohne Hammer, nur mit der bloßen Hand, werden Sie es nicht schaffen, den Nagel einzuschlagen. Aber mit dem Hammer wird das Problem zum Kinderspiel. KICK ist Ihr virtueller Hammer, ein Werkzeug, immer griffbereit, universell einsatzbereit, bei fast jeder Gelegenheit, in fast jeder Situation. Sie dürfen sich nur nicht von dem anstehenden Problem einschüchtern oder womöglich lähmen lassen, Sie haben sich ein Universalwerkzeug angeeignet, mit dem es leichter ist, den Alltag zu bewältigen.

In der Entwicklung menschlicher Zivilisationen waren die einfachsten Werkzeuge oft die effektivsten und von größter Bedeutung als Impuls und als Antrieb für zivilisatorische Fortschritte.

Eine Empfehlung des Autors: Versuchen Sie KICK zunächst in ganz bestimmten, begrenzten Situationen Ihres Alltags anzuwenden. Nehmen Sie sich zum Beispiel vor, beim nächsten Einkauf nur Dinge in den Einkaufswagen zu legen, die Sie wirklich brauchen. Oder halten Sie sich streng an Ihren Einkaufszettel. Kick wird Ihnen dabei gerne helfen.

Sehen Sie KICK als Ihren guten Freund, als steten Begleiter, der Sie unterstützt, der Sie in schwierigen Situationen voranbringt, der Ihnen hilft, Klippen zu überwinden und Gräben zu überspringen.
Begeben Sie sich auf immer neue Entdeckungsreisen, um sich die weite Welt der Anwendungsmöglichkeiten von KICK zu erobern.

Kick bewirkt eine angenehm tragende Geborgenheit, die zu einem neuen, befreienden Lebensgefühl führen kann.
Das einfache Werkzeug KICK bewirkt inneren Halt, Sicherheit und Zuversicht. Das Leben wird leichter und erfolgreicher. Probleme werden kleiner, die positive Einstellung wird zum tragenden Faktor des Handelns.

Die Einstellung zum Leben

Die Einstellung des einzelnen Menschen zu sich selbst, zu seiner Umwelt und zum Leben im Allgemeinen ist weitgehend bestimmt durch seine genetische Veranlagung und seine individuellen Lebensumstände wie Elternhaus, Schule, Erziehung, Bekannte, Freunde und viele andere von außen wirkende Faktoren.

Allerdings gibt es auch immer einen Spielraum der Selbstbestimmung, der durch Willen, Leistung und Ehrgeiz Erfolg oder Misserfolg in starkem Maße beeinflusst. Eine grundsätzlich negative Einstellung macht das Leben unwert, zerfrisst, raubt die Lebensqualität. Sie isoliert und wirkt sich destruktiv aus. Sie kann das Leben für den Betroffenen und seinen Mitmenschen zur Hölle machen und im Extremfall zum Selbstmord führen.

Eine genetisch bedingte negative Grundeinstellung zum Leben kann aber auch durch Willenskraft und Selbstantrieb in eine positive Grundhaltung gewandelt werden. Je negativer die genetische Grundeinstellung, desto wichtiger ist es, durch kleine, einfache, aber konsequent begangene KICK-Schritte auf die positive Seite des Lebens zu gelangen.

Die Ursache einer negativen Grundeinstellung ist meist eine tief sitzende Angst, die den Menschen von Grund auf skeptisch macht, die ihn zögern lässt, die ihn oft lähmt. Diese düstere Haltung dem Leben gegenüber kann bis zum Extrem gehen, bis zur Lust am Untergang. Aber schon die normale Angst vor der Veränderung, vor dem Neuen, vor dem Unbekannten hemmt die Entwicklungsmöglichkeiten eines Menschen. Das Leben wird eng und bedrückend, es lauern von allen Seiten Gefahren. In Einzelfällen kann dies zu psychischen Krankheiten führen, zum Beispiel zu Depressionen. In diesen Fällen ist der Psychologe gefragt, hier ist das Hilfsmittel KICK eindeutig überfordert. In leichteren Fällen der Angst aber kann KICK hilfreich sein auf dem Weg auf die andere, die positive Seite des Lebens.

Ein Beispiel: Eine unbekannte, fremdländisch aussehende Familie aus einem anderen Kulturkreis zieht in eine Wohnung in der Nachbarschaft ein. Eine unterschwellige Angst drückt bei den „Alteingesessenen" auf die Seele. Geht von dieser Familie eine Gefahr aus? Solange Fremde fremd bleiben, wird dieses Unbehagen nicht weichen. Wie wäre es mit einer Vorgehensweise, die nahe liegt? Ein freundlicher Blick, ein Hallo, ein kurzes Gespräch könnte die Berührungsangst verdrängen, vielleicht sogar zu einer Freundschaft führen.

Auch wenn es nur zum unverbindlichen Kennenlernen führt, hat KICK schon einen ersten Schritt zu Toleranz und gegenseitigem Verständnis getan. In jedem Falle aber kann mit einer von KICK ausgelösten Selbstüberwindung Angst und Misstrauen abgebaut werden.

Schlussbemerkungen

Das Bild des Kraken in uns ist ein Hilfsmittel, mit dem wir unsere Schwächen besser wahrnehmen können, um ihnen aktiv zu begegnen.

Für viele Gartenbesitzer ist das Jäten von Unkraut im Garten eine Arbeit, die sie nur mit Widerwillen erledigen. Oder die Gartenmöbel müssen gereinigt werden, der Holzkohlegrill glänzt mit einer alten eingebrannten Fettschicht und die Gartentür setzt Rost an. All diese anstehenden Arbeiten werden mit einem KICK schneller erledigt. Man fühlt sich nach getaner Arbeit freier, ohne das schlechte Gewissen, wieder nichts von dem erledigt zu haben, was man sich vorgenommen hatte.

Mit der Zeit wird sich KICK in unserem Gedächtnis mit dem Tritt nach dem Kraken, das heißt dessen Fangarmen, verbinden. KICK wird in unserem Gehirn mit einem kräftigen Tritt gegen den Greifarm assoziiert, der Krake zieht seinen Arm verängstigt zurück und wir sind zufrieden, mal wieder gesiegt zu haben.

Schlusskapitel

Die Beispiele in diesem Buch sind willkürlich herausgegriffen. Im Rückblick zeigen sich die nahezu unbegrenzten Möglichkeiten für die Anwendung des KICK-Impulses.

Allerdings sollte man sich immer wieder vor Augen halten: Nur die kleinen Schritte garantieren das Fortkommen und bringen uns dem Ziel näher. Es gibt Menschen, die ihr halbes Leben mit großen Vorsätzen schwanger gehen, aber immer nur auf der Stelle treten. Man sagt sich: „Ab morgen ändere ich mein Leben, alles wird anders, alles wird besser." Oder: „Ab Neujahr werde ich ein anderer Mensch, ich werde nie mehr dieses oder jenes tun." Dann wird auf Ostern, dann auf Weihnachten und auf das nächste Neujahr verschoben, während die Uhr des Lebens unaufhaltsam weiterläuft, die Zeit verrinnt und die angestrebten Ziele immer weiter fortrücken.

Gerade die kleinen Entscheidungen prägen unseren Weg durch den Alltag, da sie uns in ihrer Vielfalt, bewusst oder unbewusst, ständig begleiten und beeinflussen.

Kaum ein Faktor erzeugt mehr Zufriedenheit als das Wohlgefühl nach einer erledigten Aufgabe, sei sie noch so klein und scheinbar unbedeutend. Aber je schwieriger die Aufgabe, desto größer das Wohlbefinden nach Bewältigung der Herausforderung.

Ich wünsche allen Lesern des Buches viel Erfolg in ihrem neuen Leben mit KICK.

Der Autor Rolf Muck

Widmung

Für meine liebe Ehefrau Annemarie und unsere Kinder Wolfgang, Bernhard und Stephan und alle Familienangehörigen für ihre Mitarbeit und Unterstützung.

Landstuhl, im Juli 2022

Der Autor

Rolf Muck wurde 1943 in Kaiserslautern geboren und ist Autor im Bereich der Persönlichkeitsentwicklung und Selbstoptimierung.

Muck verfügt über langjährige Erfahrung in der IT-Branche und hat sich als Autodidakt ein breites Wissen angeeignet. Dieses Wissen und seine Erfahrungen aus der Praxis fließen in seine Arbeit als Autor ein.

Mucks Fokus liegt auf der Persönlichkeitsentwicklung. Er ist ein leidenschaftlicher Verfechter davon, dass jeder Mensch sein Leben selbst in die Hand nehmen kann.

Dazu hat er die KICK-Methode entwickelt, die auf Klarheit, Initiative, Coaching und Kontrolle basiert. Dieser einfache Ansatz kann leicht in den Alltag integriert werden und hilft dabei, Ziele zu setzen und zu erreichen. Es ist ein einfaches Werkzeug, um erfolgreich und erfüllt zu leben.

novum VERLAG FÜR NEUAUTOREN

Der Verlag

> *Wer aufhört*
> *besser zu werden,*
> *hat aufgehört*
> *gut zu sein!*

Basierend auf diesem Motto ist es dem novum Verlag ein Anliegen, neue Manuskripte aufzuspüren, zu veröffentlichen und deren Autoren langfristig zu fördern. Mittlerweile gilt der 1997 gegründete und mehrfach prämierte Verlag als Spezialist für Neuautoren in Deutschland, Österreich und der Schweiz.

Für jedes neue Manuskript wird innerhalb weniger Wochen eine kostenfreie, unverbindliche Lektorats-Prüfung erstellt.

Weitere Informationen zum Verlag und seinen Büchern finden Sie im Internet unter:

www.novumverlag.com

Bewerten
Sie dieses **Buch**
auf unserer
Homepage!

www.novumverlag.com